Himmel hinter Gittern

\-

Meine Stasihaft in der DDR

GEGEN DAS VERGESSEN UND VERKLÄREN DER SED-DIKTATUR IN DER DDR

ISBN 9783751989459

© 2023 bei Gerd Keil
Herstellung und Verlag: BoD – Books on
Demand, Norderstedt, Germany (EU)
www.bod.de

Dieses Buch ist gewidmet meinen beiden Kindern
Vivien und Sebastian,
meiner ersten großen Liebe Heike,
die 2013
– viel zu früh –
an Leukämie verstarb,
meiner zweiten großen Liebe Manuela,
meiner Traumatherapeutin Frau Scheller,
meiner Gesprächspartnerin
Frau Prof. Barbara Kavemann von der
Unabhängigen Kommission zur Aufarbeitung
sex. Kindesmissbrauchs
sowie allen Freundinnen und Freunden,
die immer für mich da waren und da sind.

Der Anfang vom Ende

Der Anfang vom Ende ist etwas, dass wir alle, und ich denke auch Sie, liebe Leser, irgendwann in Ihrem Leben schon einmal gehört, gedacht oder womöglich sogar gefühlt haben. Wenn sich das, wie der Anfang vom Ende anfühlt, ist es schon ziemlich schwer zu ertragen. Meine Zeit der Stasihaft von fast drei Jahren, Sommer 1986 bis Frühjahr 1989, war für mich sehr schwer zu ertragen. Vielleicht fehlen Ihnen an der einen oder anderen Stelle meine Gefühle. Diese habe ich ausgeschaltet, um überleben zu können.

Dennoch habe ich immer an den Satz meiner lieben Oma gedacht, die als ich etwa vier Jahre alt war, zu mir gesagt hat: „Am Ende wird alles gut, und solange es nicht gut ist, ist es auch nicht das Ende".

Der Satz hat mich durch mein ganzes Leben begleitet und auch ihr christlicher Glaube, fand in mir seine Fortsetzung. Wenn ich also jetzt vom Anfang vom Ende schreibe, dann ist hier in diesem Buch wirklich nur der Anfang vom Ende gemeint. Das Ende, als alles gut wurde, steht hier zwar auch drin, aber nur ganz kurz.

Wenn Sie wissen möchten, was vor und nach diesem Anfang war, empfehle ich Ihnen mein autobiografisches Buch: „Wertvolle Freiheit".

Dieser Anfang vom Ende beinhaltet schwere Zeiten, traumatisierende Erlebnisse, sexuellen Missbrauch durch andere Mithäftlinge, das Wegschauen von Volkspolizisten – wie diese offiziell genannt wurden – meinen vollständigen Zusammenbruch und das ganz langsame Zusammensammeln meiner Knochen, meiner Seele und das Ende, an dem alles gut war.

Wenn Sie möchten, lade ich Sie ein mit mir durch drei Jahre Stasihaft zu gehen, umzufallen, zu kriechen, liegen zu bleiben, aber auch wieder aufzustehen und aufrecht in einen Bus einzusteigen, den ich bis heute nicht vergessen habe und ganz sicher nie vergessen werde.

Herzlich Willkommen zu einer „Achterbahnfahrt" der Gefühle. Ich möchte, bevor ich anfange noch die Gelegenheit nutzen Sie, liebe Leser, darauf aufmerksam zu machen, dass dieses Buch eher keine Nachttischlektüre ist. Bitte denken Sie an sich und überfordern Sie sich nicht. Und denken Sie daran, dass in diesem Buch am Ende alles gut wird.

Geplante Flucht

Am 13. Juli hatte ich dieselbe Strecke mit der S-Bahn, als Triebfahrzeugführer, zu fahren wie bereits einen Tag zuvor. Sie sollte sich heute dennoch nicht wiederholen – *nie wieder*. Dieser Tag sollte so ganz anders werden als alle anderen zuvor in meinem Leben.

An diesen Tag werde ich mich mein gesamtes weiteres Leben erinnern. Dieser Tag war der Anfang vom Ende. An diesem Tag bewahrheitete sich das Sprichwort: „Man soll den Tag nie vor dem Abend loben."

Nach unserem ausgedehnten Frühstück ging ich gemeinsam mit meiner Freundin Heike zum Bahnhof Ostkreuz. Dieser Weg schien heute viel kürzer als sonst zu sein. Vielleicht, weil sich immer wieder meine Flucht im Kopf abspielte, vielleicht auch, weil wir beide wussten, dass wir uns womöglich lange nicht mehr sehen würden. Vielleicht würden wir uns nie wiedersehen. Wenn die Flucht misslang, könnte ich eingesperrt oder sogar erschossen werden. Wenn ich nicht erschossen werde, was würde die Stasi mit meiner Heike machen?

Heike ist so ein zartes, liebevolles, warmherziges und wunderschönes Mädchen. Kennengelernt haben wir uns an unserem ersten Schultag. Wir machten viel Unsinn, stritten und versöhnten uns und im Lauf der Jahre entstand zwischen uns eine Jugendliebe, die uns in den siebten Himmel begleitete. Aber auch blind vor Liebe machten, dass wir die schwarzen Wolken über uns erst bemerkten, als wir nicht mehr entfliehen konnten. Eine gemeinsame Flucht war undenkbar und wir entschieden uns dazu, dass ich die Flucht antreten sollte und mein kleines Sternenäuglein Heike, zwar zurücklasse, aber nachhole sobald ich die Chance dazu hätte.

Mir gingen so viele Schreckensszenarien durch den Kopf, die ich hier gar nicht alle aufschreiben kann.

Meine schlimmsten Vorstellungen sollten noch übertroffen werden. Ich ahnte nicht, wozu die Stasi im Stande sein würde. Dass es sie gab, wusste jeder, aber was sie zu tun in der Lage war, war mir und jedem anderen nicht bekannt. Es sei denn, seine oder ihre Arbeitsstelle war „VEB Guck und Horch" oder „die Firma" wie die Stasi umgangssprachlich auch genannt wurde. Vielleicht würde aber auch … wer weiß. Ich brauchte sonst etwa zehn Minuten zum Bahnhof, heute waren es gefühlte fünf.

Heike wollte wieder nach Hause zu ihren Eltern. Diese Wohnung lag zwischen den Bahnhöfen Warschauer Straße und Ostbahnhof. Daher wollte sie mit mir bis zum Ostbahnhof mitfahren. Genau in die Richtung, in die ich auch nach der Ablösung mit der S-Bahn fahren würde. Ich freute mich, denn so hatten wir noch drei Minuten länger etwas voneinander. Drei Minuten mehr, die gerade heute so viel an Bedeutung gehabt hätten. Drei Minuten, die für uns beide die schönsten dieses Tages geworden wären.

Auf dem Bahnhof angekommen, erfuhr ich, dass ich heute nicht dieselbe Strecke wie gestern fahren würde, sondern eine andere Linie zu übernehmen hatte. Das kam mir sehr merkwürdig vor. War ich womöglich verraten worden? Wenn ja, wer kam dafür infrage? Heike auf keinen Fall, dafür würde ich mich ins Feuer legen.

Schließlich wusste ich, wie mein Sternenäuglein war und dass sie mich um keinen Preis der Welt verraten hätte.

Ich erfuhr nur noch, dass dies eine Anweisung von dem Kollegen war, der bei uns als Parteiboss tätig war. Ich wusste also, wem ich diesen Dienst zu verdanken hatte. Unter uns Kollegen war diese Strecke die „Straßenbahnlinie". Der Name kam von der Kürze der Strecke. Es war ein ständiges Hin- und Herfahren zwischen Warschauer und Otto-Winzer-Straße.

Also blieb ich auf dem Bahnsteig D, statt auf den Bahnsteig A zu gehen. Meine Heike konnte auch nur bis zur Warschauer Straße mitfahren. Dort angekommen, verabschiedeten wir uns voneinander – leider viel zu kurz, um auf gar keinen Fall Aufsehen zu erregen – und sie lief von dort zu ihren Eltern nach Hause.

Aber die Zeit für einen langen, innigen Kuss, gegenseitigem Streicheln und einer Liebeserklärung ließen wir uns trotzdem. Schließlich war sie gar nicht und ich noch nicht auf der Flucht. Heike konnte mich und ich konnte sie auch nie einfach so gehen lassen. Dazu liebten wir uns viel zu sehr. Meist wussten wir nicht wer wen zuerst loslässt oder wer von uns beiden zuerst mit dem Küssen aufhören sollte. Und jetzt, wussten wir nicht einmal was morgen sein würde. Wir drückten uns fest und streichelten uns an jeder Stelle, die wir so erreichen konnten.

Ich hätte weinen können, so traurig war ich über den kurzen Abschied, denn ich wusste ja, dass dies ein Abschied für zumindest lange Zeit war. Ich hätte meine Wut über dieses Unrechtssystem laut herausschreien können. Aber wozu? Sollte ich so etwa meine Verhaftung riskieren? Nein, auf keinen Fall. Ich war fest entschlossen, diesem Staat – wie er offiziell hieß – den Rücken zu kehren. Wenn ich erst in Westberlin war, konnte ich ja hierherkommen, um meine Freundin und meine Freunde zu besuchen. Das dachte ich zumindest zu der Zeit noch.

Eine Familie hatte ich zu dem Zeitpunkt nicht wirklich. Zuhause bei meinen Eltern war ich mit 17 Jahren rausgeworfen worden, weil ich auf einer Geburtstagsfeier war und nachts nicht mehr mit den öffentlichen Verkehrsmitteln nach Hause kam. Etwa zwischen 01:30 Uhr und 03:30 Uhr fuhren innerhalb der Woche keine öffentlichen Verkehrsmittel und ein Taxi zu erwischen, wäre beinahe aussichtslos gewesen, außerdem hätte ich mir das nicht leisten können von meinem Lohn als Lehrling. Als ich am nächsten Tag vor der Wohnungstür stand, sagte meine Mutter zu mir, dass ich gleich dahin gehen kann, wo ich in der letzten Nacht auch gewesen bin. Sie packte gemeinsam mit meinem Papa einen großen Koffer voll mit meinen Sachen. Mein Tonbandgerät, meine Schallplatten und einige Bilder packten sie auch noch hinein. Ich stand wort- und reglos daneben und verstand die Welt nicht mehr. Schließlich hatte ich doch auch Bescheid gesagt, dass es eventuell sehr spät werden kann, bis ich wiederkomme. Aber ich war eben nicht mein Bruder, der als Kronsohn natürlich absolut frei von jedem Fehler war. Das aus mir nichts werden könnte, hatte meine Mutter nicht nur einmal zu mir gesagt. Das sie mich in einen Sack stecken, diesen zubinden, einen Stein daran befestigen und alles zusammen in die Spree werfen könnte, hörte ich nur einmal als wir über die Spree liefen und ich etwa sechs Jahre alt war.

Aber zurück zum 13. Juli 1986.

Egal, welche Repressalien der Stasi noch einfallen würden, in neun Stunden war Schluss damit und ich bin endlich in Freiheit.

Auch an diesem Tag war es warm, auch an diesem Tag schien die Sonne, auch an diesem Tag fuhr ich mit geöffnetem Fenster durch die Stadt, auch an diesem Tag waren die Menschen freundlich und natürlich.

Aber an diesem Tag sollte ich nicht mehr nach Hause kommen!

Das Herz, das meine Heike für mich an den Spiegel gemalt hatte, sollte ich nicht mehr sehen und erst dreiundzwanzig Jahre später davon erfahren.

Ich ging traurig vom Dienst nach Hause. Vierzehn Jahre lang war ich mit ihr befreundet gewesen, bis im Sommer 1985 Liebe daraus geworden war. Wir konnten gar nicht genug voneinander bekommen. Eine Liebe, die ich in meinem Leben nie vergessen habe. Und das nicht nur weil es die erste Liebe war. Seit der zweiten Klasse hatten wir in der Schule hintereinander gesessen. Wir waren im siebten Himmel und die rosarote Brille wollte nur noch rot werden. Rot wie die Herzen, die wir uns in unserer Küche gegenseitig, mit ihrem Lippenstift, an den Spiegel malten.

Wir wohnten gemeinsam in einer Berliner 2-Zimmer-Altbauwohnung mit Innentoilette. Zuvor hatte ich mit viel Glück und einem Wohnberechtigungsschein mit Dringlichkeit eine 1-Zimmer-Albauwohnung mit Außentoilette, also eine halbe Treppe höher, bekommen. Diese teilte ich mir mit einer jungen Frau, die genau über mir wohnte, einem älteren Paar neben ihr und einem jungen Mann mir gegenüber. Der Satz „Ruinen schaffen ohne Waffen", hatte in der DDR, Realitätscharakter. Und er war realer als der real existierende Sozialismus, den Erich Honecker so oft pries.

Wir, mein Sternenäuglein und ich, hätten vor lauter Glück die ganze Welt umarmen können. Es war eine wunderschöne Zeit. Wir haben gelebt, gelacht, geweint und geliebt. Alles, was ein junges Paar gern gemeinsam tut. Wir waren in der jungen Gemeinde und engagierten uns in der Umwelt- und Friedensbewegung.

Zum Heiraten hatten wir uns nicht entschlossen und ein Kind hätten wir sehr gern gehabt, aber was wäre aus dem Kind geworden, wenn wir wegen unserer oppositionellen Haltung in diesem System eingesperrt worden wären. Dazu brauchte die Staatsmacht nicht viel und schon konnte dies geschehen.

Aber zum Rotwerden unserer rosaroten Brille sollte es nun nicht mehr kommen, denn meine eigene Flucht stand unmittelbar bevor. Mir schlug das Herz bis in die kleinen Zehen. Was sollte aus uns werden? Wann würden wir uns wiedersehen? Würden wir uns noch mal wiedersehen? Diese und andere Gedanken schossen mir durch den Kopf, doch schneller als ich dachte, sollten all diese Gedanken wertlos sein. Wir sind doch noch so jung. Soll das jetzt alles zu Ende sein? Das kann und darf nicht sein! Wir haben uns doch so unendlich lieb. Wir waren so verliebt, dass wir nicht einmal mitbekamen, welches Unheil in den schwarzen Wolken sich da über uns zusammenbraute.

In der Nacht vom 13. auf den 14. Juli 1986 sollte meine eigene Flucht aus diesem verhassten Unrechtssystem stattfinden. Ich lief auf meine Haustür zu, müde vom Dienst und traurig, weil ich mich nur kurz von meiner lieben Heike verabschiedet hatte. Ich schloss die Haustür auf und ging hinein.

Die Stasi wartete schon auf mich

Ich drückte auf den Lichtschalter, aber alles blieb dunkel. Da dies schon öfter mal der Fall war, beunruhigte mich das nicht allzu sehr. Ich kannte diesen Hausflur in- und auswendig. Als ich die Tür zum Innenhof öffnen wollte sprach mich plötzlich jemand an und ich erschrak. Instinktiv tippte ich hier noch einmal auf den Lichtschalter, aber ein Licht ging nicht an. Er fragte mich:

„Sind Sie Herr Keil?"

„Ja", sagte ich und blieb wie versteinert stehen.

Dann brüllte er los: „Wir kommen vom Ministerium für Staatssicherheit und Sie haben jetzt mitzukommen zur Klärung eines Sachverhaltes!"

Ich tat, als ob ich von nichts wüsste, und entgegnete, dass ich jetzt von der Arbeit komme und müde sei. Daraufhin sprang ein anderer auf mich zu und gab mir einen Stoß, sodass ich erst an der Wand im Hausflur wieder zum Stehen kam. Wieder erschrak ich, denn auch diesen Mann hatte ich vorher nicht gesehen. Es war eben dunkel. Ich stand noch nicht richtig, da bekam ich einen Tritt in meine Kniekehlen und sackte zusammen. Dann nahmen sie mich mit. Sie stießen mich in einen Pkw – Typ Lada 1300. Der Fahrer hatte scheinbar schon im Auto auf uns gewartet. Denn das ging alles so schnell, dass ich es gar nicht realisieren konnte, was hier gerade passiert war.

Im Fahrzeug legten sie mir Handschellen an, ich bekam noch einen kräftigen Schlag auf meinen Hinterkopf und dann ging die Fahrt los. Nach etwa zwanzig Minuten Fahrt hielten wir. Kurze Zeit später wurde die Fahrt fortgesetzt und gleich darauf hielt der Wagen wieder. Mir wurde die Tür geöffnet und dann wurde ich angebrüllt: „Raus!" Mein Kopf tat immer noch weh. Ich steig aus und man brachte mich in ein Zimmer im Volkspolizeirevier. Es war nicht die Volkspolizei, die mich zu verhören begann, sondern die Stasi. Von den dreien aus dem Auto war keiner dabei.

Nach mehreren Stunden Verhör wurde ich in eine Zelle im Keller gebracht und dort wartete ich wieder mehrere Stunden, bis endlich der Kleine kam und mich anbrüllte, ich solle mitkommen. Von nun an war mir klar, dass ich verraten worden sein musste, denn die waren tatsächlich über die Vorbereitung meiner Flucht informiert. Ich habe lange und sehr oft darüber nachgedacht, wer mich verraten haben könnte. Mir fiel aber niemand ein.

Meine Gedanken drehten sich jetzt um meine liebe Heike. War mein Sternenäuglein jetzt auch in Gefahr? War sie noch in unserer Wohnung? War sie schon in unserer Wohnung? Würde sie nochmal nach Hause kommen? Hatte die Stasi sie genau wie mich abgefangen und zum Verhör gebracht? Wie sollte ihre zarte Seele so ein Verhör überstehen? Und die Frage: Wird Gott an ihrer Seite sein und sie schützen? Ich betete still für mich, dass Gott bei ihr sein möge, sie vor den Stasileuten schützen und darauf achten, dass ihr kein Leid zugefügt werden würde. Mein stilles Gebet schloss ich ab mit dem Vater unser.

Vom Volkspolizeirevier nach ...?

Jetzt saß ich in einem Barkas-B 1000, einem DDR-typischen Kleintransporter. Man könnte ihn von der Größe her vielleicht mit einem VW-Transporter vergleichen. Vorn im Fahrzeug saßen zwei Männer, bekleidet mit einem weißen Kittel. Außen am Fahrzeug stand: „VEB Bako-Backwarenkombinat Berlin." So fiel das Fahrzeug im Straßenverkehr gar nicht auf. Es fuhr am Ende auf ein Gelände, welches scheinbar ein Objekt der NVA (Nationale Volksarmee) war. So mussten die Leute, die rundherum um dieses Objekt wohnten, denken, wenn sie nicht selbst dort arbeiteten, dass hier ein Barkas der Großbäckerei kommt um die, die dort arbeiteten, mit Backwaren zu versorgen. Tatsächlich war er aber alles andere als ein Fahrzeug der Großbäckerei, aber das war von außen eben nicht zu erkennen und das sollte es auch nicht.
Innen waren kleine Zellen. Ich wurde in eine Zelle gesetzt, in der ich mich nicht bewegen konnte, weil

es viel zu eng war. Außerdem trug ich wieder Handschellen.

Dann ging die Fahrt los. Wieder hielten wir kurz nach dem Start an und es öffnete sich wohl ein schweres Eisentor. Danach fuhren wir erneut los, ein paarmal rechts und auch ein paarmal linksherum. Zwischendurch ging es auch mal lange geradeaus und so verlor ich irgendwann jede Orientierung. Ich glaubte, nicht mehr in Berlin zu sein, und das war wohl auch die Absicht, die die Stasi mit dieser Fahrt verfolgte. Nach mehreren Stunden Fahrt hielten wir an und alles wiederholte sich: ein schweres Eisentor bewegte sich, nach kurzer Fahrt hielten wir und es öffnete sich erneut ein schweres Tor. Wir fuhren noch ein paar Meter weiter, um dann wieder anzuhalten. Ich hörte, wie die Türen des Autos zugeworfen wurden, und kurz danach öffnete sich die Tür zu meiner Zelle. Ich bekam das Kommando: „Raus!"

Aus der stockdunklen, engen Zelle im Auto herauskommend, sah ich nur hohe Mauern, die überdacht waren. An einer Seite war ein großes Eisentor, durch das wir scheinbar gerade durchgefahren waren und an einer anderen Seite war eine kleine Treppe, die zu einer Tür führte. Ich hatte große Mühe, etwas zu erkennen, denn die grellen Lampen durchfluteten diesen Raum mit einem Licht, welches mich so sehr blendete, dass ich kaum etwas sehen konnte.

Ich stieg also aus und machte beim Aussteigen einen großen Schritt. Die Handschellen hatte ich immer noch um. Sie waren hinter meinem Rücken verschlossen. Als ich mit meinem Fuß den Boden berührte, wäre ich beinahe gestürzt. Der Höhenunterschied war doch sehr groß. Zum Glück war ich mit meinen knapp zwei Metern damals schon nicht der kleinste. So knickte ich ein, konnte aber den Schwung mit meinen Beinen ausgleichen. Allerdings ging ich richtig in die Knie dabei.

Nach etwa zwei Metern kam eine kleine Treppe mit drei Stufen. Am Ende dieser Treppe war eine Tür mit Glasscheiben, durch die ich jedoch nichts sehen konnte. Einer der Stasischergen schrie mich an, ich solle durch diese Tür gehen und mich dann rechts an die Wand stellen.

Ich dachte, dass dies doch eigentlich nur ein Albtraum sein könne, ich bald wach werden und feststellen würde, dass dies nur ein Albtraum war. Aber das sollte nicht geschehen.

Ich ging durch die Tür und gleich dahinter war noch eine Treppe mit etwa zehn Stufen. Oben, am Ende der Treppe, stand ein Stasischließer, der schon auf der linken Seite des Flures wartete. Der schrie mich an, meinen Kopf nach unten zu senken. Es dauerte wohl einen Moment zu lange, bis ich feststellte, dass ich ohnehin nur bis zur nächsten Stahltür sehen konnte. Rechts und links im Gang waren viele weitere Türen. Und an den Wänden war ein dünner Klingeldraht, der mit Bananensteckern verbunden war. Der Draht verlief in gut erreichbarer Höhe. Nur an den Türen verlief er oberhalb. Noch höher konnte ich mit meinem gesenkten Kopf nicht sehen. Plötzlich spürte ich auf meinem Hinterkopf einen Schlag mit der Faust. Mein Kopf war nämlich noch nicht ganz gesenkt. Das passte diesem Schließer wohl nicht. Also senkte ich meinen Kopf ganz nach unten und schon kam das erste Kommando: „Gehen Sie!"

Ich lief also mit gesenktem Kopf durch den Flur. Kurz bevor ich an der Stahltür, die mir noch eben die Sicht versperrt hatte, ankam, folgte das nächste Kommando: „Bleiben Sie stehen! Gesicht zur Wand! Hände auf den Rücken!" Anscheinend wird hier nur gebrüllt, denn jedes Kommando kam in dem Tonfall, den ich gar nicht mag.

Ich stand dort und wartete, bis sich diese Tür öffnete. Gleich darauf bekam ich das Kommando: „Kommen Sie!" Ich ging hindurch und gleich rechts hinter dieser Tür wurde ich in einen vergitterten Raum geschoben.

Als ich drin war, wurde das Gitter wieder geschlossen. Dort standen andere Stasischergen vor einem großen Wäscheregal. Hier sollte ich auch nur angebrüllt werden. Das Erste, was ich hörte, war das Kommando:

„Ausziehen!"

Ich schaute mich um und dachte: Das ist kein Albtraum, nein, das ist die Realität.

Ich befinde mich wohl in einem Gefängnis, habe aber keine Ahnung, wo. Ich habe keine Ahnung, wie das hier weitergehen soll. Ich habe keine Ahnung, wie lange ich hier sein werde. Ich habe keine Ahnung, wer mich verraten hatte. Ich habe keine Ahnung, wann ich meine liebe Heike wiedersehen werde.

Ich begann meine Uniform auszuziehen, die ich ja immer noch anhatte: die Jacke, den Binder, das Hemd, die Schuhe, die Hose und die Strümpfe. Ich hatte also nur noch meine Unterwäsche an und glaubte, dass ich nun fertig sei. Das war ein Irrglaube. Ich bekam einen Schlag mit einem Gummiknüppel in die Kniekehlen und sackte zusammen. Der Schmerz, den ich in diesem Moment fühlte, überdeckte mein Gefühl von Pein. Dann schrien mich diese Stasischergen wieder an: „Ausziehen!"

Aufstehen konnte ich nicht, die Schmerzen in meinen Kniekehlen verboten es mir. Zwei von den dreien zogen mich daraufhin einfach hoch. Ich schrie vor Schmerz, das jedoch interessierte hier niemanden. Also zog ich auch meine Unterwäsche aus. Nun war ich nackt. Mehr oder weniger stehend, bekam ich das nächste Kommando: „Bücken!"

Wirklich bücken konnte ich mich nicht, daher beugte ich mich nur nach vorn. Ich war noch nicht einmal unten, da spürte ich den Finger von diesem Stasischergen in meinem Po. Vorher hatte der sich noch einen Gummihandschuh übergezogen. Was diese erniedrigende Prozedur sollte, war mir nicht klar. Ich hatte aber auch keine Möglichkeit, nach dem Sinn zu fragen, allein die Schmerzen und die Pein, die ich hier erlitt, untersagten mir diese Frage. Mit dem gleichen Handschuh, mit dem ich eben misshandelt worden war, wollte man mich weiter untersuchen. Diesmal jedoch im Mund. Ich sollte ihn öffnen.

Allein die Ahnung und der Ekel vor dem, was jetzt wohl passieren sollte, verboten es mir, den Mund auch nur ein kleines bisschen zu öffnen, und so ließ ich ihn auch zu. Das war ein Fehler, den ich besser nicht gemacht hätte. Lieber hätte ich kotzen sollen, statt den Mund zuzulassen, denn nun bekam ich einen Schlag mit der Faust ins Gesicht und mein Mund öffnete sich. Durch diesen Schlag verlor ich meine Schneidezähne. Die Verletzung, Demütigung, Not, Schmerz und Pein waren völlig gleich. Dieser Stasischerge nahm aber trotzdem keinen neuen Handschuh, nein, der untersuchte so meinen Mund, in dem vor lauter Blut kaum etwas zu sehen sein konnte.

Ich bekam Unterwäsche, die nicht passte, einen Trainingsanzug (Jogginganzug), der viel zu groß war, und ein paar Filzhausschuhe. Ich musste die Hose oben zusammenhalten, damit sie mir nicht herunterrutschte. Wenn mir die Sachen schon viel zu groß waren, was sollten dann die anderen Häftlinge, die kleiner als ich waren, sagen? Immerhin war ich mit meinen 1,99 Meter nicht gerade der Allerkleinste. Diese Sachen behielt ich nun für die kommenden sieben Tage – rund um die Uhr – an.

Erst danach war es gestattet, zu duschen und die Sachen zu tauschen. Natürlich war die Dusche kalt. Ich erhielt außerdem ein Handtuch, eine Zahnbürste, einen Zahnbecher – hatte ich noch Zähne? – und zwei Waschlappen. Weiterhin gab es blau/weiß karierte Bettwäsche und ein weißes Laken, außerdem eine Schüssel, Messer, Gabel, Löffel und eine Tasse. Dieses Geschirr und auch das Besteck waren aus Plastik.

Dann wurde ich aus dem Raum, in dem ich mich ebenso ekelhaft gefühlt hatte, herausgeführt und wieder kam das Kommando: „Kommen Sie!" Als ich an der Zellentür 101 vorbei war, schrie mich der Stasischließer an: „Bleiben Sie stehen, Gesicht zur Wand, Hände auf den Rücken!" Dann schloss er die Zellentür auf und öffnete sie. „101, gehen Sie!" Damit war wohl gemeint, dass ich in diese Zelle gehen sollte, was ich auch tat. Nun schloss er die Zellentür wieder. Danach gingen mit einem lauten Knall die Schließhebel zu. Ich schreckte wieder zusammen.

Ab sofort hieß ich nicht mehr Herr Keil, sondern 101. Die Nummer war identisch mit meiner Zellennummer. In dem Moment wurde mir bewusst, dass auch vorher mich hier niemand mehr mit meinem Namen angesprochen hatte. Die Kommandos waren alle namenlos. Nur beim letzten wurde auf einmal 101 ... gesagt.

Ich hatte zehn Minuten Zeit, mein Bett zu machen. Es war eine Holzpritsche, auf der sich eine dünne Matratze befand. Sie war höchstens 5cm dick. Im Laufe des Abends hörte mein Mund auf zu bluten. So brauchte ich wenigstens keine Angst zu haben, irgendwann in der Nacht zu ersticken. Hinzufügen möchte ich aber noch, dass die Benutzung dieses Bettes nur in der Zeit der Nachtruhe, also zwischen 22.00 Uhr und 06.00 Uhr, gestattet war, dies aber auch nur in entsprechend vorgeschriebener Schlafhaltung. Das bedeutete: das Gesicht zur Decke oder zur Zellenmitte, auf dem Rücken liegen und die Hände oberhalb der Bettdecke zu haben.

Vor den Türen lief aller paar Minuten der Schließer vorbei und kontrollierte die Einhaltung dieser Schlafhaltung. Dazu hatte er den Spion in der Tür, von dem aus, die ganze Zelle einzusehen war, und die Neonlampe an der Decke, die so hell war, dass auch dieses Licht mich blendete. Wenn ich nicht in entsprechender Haltung im Bett lag, riss er die Schließhebel auf und brüllte durch die geschlossene Tür: „Schlafhaltung einnehmen!" Selbst wenn ich in Schlafhaltung lag, hörte ich dieses Kommando gut und gerne ein paar Zellen weiter immer noch sehr deutlich. Gerade in den ersten Wochen und Monaten stand ich nachts ein paarmal im Bett. Dementsprechend unausgeruht begann der nächste Tag. Über Wochen hinweg ist das sehr zermürbend. Aber es gab auch noch andere Methoden und Möglichkeiten, um uns Gefangene psychisch kaputtzumachen.

Das Fenster in der Zelle bestand nicht etwa aus einer Glasscheibe, hier waren es Glasbausteine, durch die ich lediglich mitbekam, ob es draußen hell oder dunkel war. Etwas zu sehen oder zu erkennen, war nicht möglich. Wo ich tatsächlich war, habe ich erst 1994 durch die Einsicht in meine Stasiakte herausgefunden. Unter dem sogenannten Fenster befand sich hinter einem feinen Gitter die Heizung. Bedient wurde diese ausschließlich durch die Stasi. Über dem Fenster befand sich eine Lüftungsklappe und auch diese bediente die Stasi. Der Hocker und der Tisch standen immer an derselben Stelle, genau wie das Bett. Die Möbel waren fest im Boden verankert. Dies hatte wohl den Grund, dass 101, also ich, den

Hocker als Wurfgeschoss hätte benutzen können, wenn man mal davon absieht, dass ich mich, wenn die Tür geöffnet wurde, vor die Heizung zu stellen hatte.

Auch das Sitzen hatte in entsprechend vorgeschriebener Haltung zu geschehen. Ich musste gerade auf dem Hocker sitzen, ohne mich irgendwo anzulehnen. Die Hände hatten sich nun auf der Tischplatte oder zumindest oberhalb der Tischplatte zu befinden. Die Ellenbogen aufzustützen und den Kopf in die Hände zu legen, war verboten.

Das Waschbecken war ein normales kleines Handwaschbecken. Darüber befanden sich der Warm- und der Kaltwasserhahn. Wozu dort ein Warmwasserhahn angebracht war, habe ich in der Zeit, in der ich dort war, nicht herausfinden können, da aus beiden Hähnen nur kaltes Wasser kam. Oberhalb der Wasserhähne befindet sich ein eingemauerter kleiner Spiegel.

Die Toilette stand gleich neben dem Waschbecken. Diese Toilette diente aber auch zum Sprechen. Dazu musste ich das Fallrohr mit dem Wischlappen leer saugen. Sobald das Fallrohr von Wasser befreit war, konnte ich es auch als Sprachrohr nutzen. Jedenfalls so lange, bis ich erwischt wurde. Dann nämlich drückte der Schließer draußen im Flur neben der Tür auf einen Knopf und betätigte so die Spülung. Spätestens jetzt wusste ich, dass ich erwischt worden war, und die Strafe folgte meist sehr schnell. Das konnte auch schon mal die Gummizelle sein. Dazu später mehr, denn auch dort war ich eingesperrt.

Jetzt möchte ich nur die Zelle etwas näher beschreiben, damit Sie sich ein besseres Bild machen können.

Gegenüber dem Fenster war die Zellentür mit der Futterluke. Durch diese wurde, wie der Name schon vermuten lässt, das Essen in die Zelle gegeben. Aber diese Luke war nicht nur für die Versorgung mit Essen und Trinken da, durch sie bekam man auch – eine ärztliche Anweisung vorausgesetzt – seine Medikamente oder auch seine Brille, immer, bevor es zur Vernehmung ging. Ansonsten lagen die Medikamente und auch die Brille im Gang in grauen Kästen, jeweils neben den Zellentüren.

Ich trug damals noch keine Brille und dauernde Medikamente nahm ich auch noch keine. Von daher war die Futterluke für mich tatsächlich nur Futterluke.

Essen und Trinken:

Um das Essen und Trinken zu bekommen, musste ich meine Schüssel und meine Tasse durch die Futterluke reichen.

Zum Frühstück gab es zwei Scheiben Brot (Graubrot), beschmiert mit etwa drei Gramm Margarine und etwa drei Gramm Marmelade. Diese Scheiben waren auch noch zusammengeklappt, sowie einen Becher Muckefuck (Kaffeeersatz).

Zum Mittag hatte ich den puren Luxus. Es gab Wahlessen. Ich hatte die Auswahl zwischen „Esse ich" und „Esse ich nicht". Genauso waren auch die Menge und der Geschmack der Verpflegung.

Zum Abendessen gab es wieder zwei Scheiben Brot (Graubrot), etwa fünf Gramm Margarine, Streichwurst (Leber- oder Teewurst) und einen Becher Pfefferminztee oder anderen Kräutertee. Auch hier waren die Stullen schon fertig und zusammengeklappt.

Alle Mahlzeiten bekam ich in meine Schüssel, die im Schrank in der Zelle ihren Platz hatte.

Medien / Abwechslung im Haftalltag:

Es gab in der Zelle kein Radio, keinen Fernseher, keine Zeitungen und Zeitschriften sowie kein Schreibzeug. Das Einzige, was es hin und wieder gab, war ein Buch. Diese Bücher waren aber allesamt systemkonforme Literatur und/oder Kochbücher. Das Kochbuch wurde hauptsächlich zur psychologischen Folter genutzt. Wenn ein Häftling meinte oder besser glaubte, durch einen Hungerstreik auf sich aufmerksam machen zu können, bekam er oder sie sehr gerne ein solches Kochbuch in die Zelle gereicht. Ich selbst wollte versuchen, mit der Verweigerung von Essen und Trinken herauszukommen. Gelungen ist mir das nicht. Stattdessen bekam auch ich ein Kochbuch in die Zelle.

Ein Buch wurde ausschließlich vom Vernehmer genehmigt. So schnell, wie er es genehmigen konnte, konnte er die Genehmigung auch wieder entziehen.

Erkennungsdienstliche Behandlung:

Dieser Raum war vom Flur durch eine Doppeltür getrennt. Zwischen den beiden Türen war der Türrahmen. Auf dem Tisch stand ein Fotoapparat. Rechts daneben befand sich ein langer Holzhebel, mit dessen Hilfe der Stuhl, auf dem ich zu sitzen hatte, nach rechts und nach links gedreht werden konnte. Bewegen durfte ich mich auf diesem Stuhl nicht. Auf der weißen Tafel, links vor dem Stuhl, stand die Häftlingsnummer, die ich jedoch nie gesehen habe. Der Scheinwerfer leuchtete mir genau ins Gesicht. Allerdings musste ich sehr lange auf dem Stuhl sitzen, obgleich scheinbar nichts passierte. Ganz links an der Wand befanden sich eine Größenmesslatte sowie eine Waage.

Wachpersonal in Hohenschönhausen:

Die Stasischließer kannten uns gegenüber nur drei Kommandos. Diese lauteten: „Kommen Sie", „Gehen Sie", „Bleiben Sie stehen." Mehr sprachen die mit mir oder auch mit den anderen Gefangenen nicht. Mehr durften sie auch nicht sprechen, wie ich viele Jahre später erfahren habe. Die Schließer hatten eine normale Schul- und Berufsausbildung.

Vernehmer:

Die Vernehmer hatten allesamt eine Schul- und Berufsausbildung. Dazu kam noch ein abgeschlossenes Studium in sogenannter operativer Psychologie. Dieses Studium fand ausschließlich an der eigens für die Stasi geschaffenen Universität in Potsdam-Golm statt. So manch ein Vernehmer schloss dieses Studium mit einem Doktortitel der Juristik ab. Viele von denen legen heute noch sehr großen Wert darauf, mit „Herr Doktor" angesprochen zu werden. Einer dieser Herren ist heute Neurologe und besitzt eine Praxis in Berlin-Hohenschönhausen. Dieser Vernehmer war der Einzige, der mit mir redete. Aber Vorsicht war bei allem, was ich dem erzählte, geboten. Denn der sprach natürlich nur mit mir, weil er von mir Informationen bekommen wollte, welche ich ihm freiwillig nicht gab. Ich würde doch nicht auf die Idee kommen meine Freunde zu verraten. Von daher erzählte ich hier nur, was ich sagen wollte. Das war jedoch meist genau, dass was er nicht hören wollte. Die ersten zwei Wochen hatte ich keine Vernehmung. Zwei Wochen in denen kein Gespräch stattfand. Das ist psychische Folter.

Haftrichter:

Meinen Termin beim Haftrichter bekam ich tatsächlich schon nach vierzehn Tagen in der Untersuchungshaft. Dieser Richter war mit Sicherheit Genosse der SED und hauptamtlicher Stasimitarbeiter. Ob er auch tatsächlich Richter war, weiß ich nicht. Ein Rechtsanwalt war nicht dabei, als dieser Termin stattfand. Der Haftrichter las nur ein Blatt Papier vor, auf dem gestanden haben muss, dass ich für staatsfeindliche Hetze und versuchte Republikflucht mit bis zu acht Jahren Freiheitsentzug bestraft werden könne. Dieser Termin fand in der Untersuchungshaftanstalt, wo auch immer diese war, statt und ich selbst saß in dem benachbarten Raum, jedoch durch ein Gitter vom Haftrichterraum getrennt.

Richter:
Der Richter am Stadtbezirksgericht Berlin-Lichtenberg, der mich im Namen des Volkes, unter Ausschluss des Volkes, zu vier Jahren Freiheitsentzug verurteilte, war wahrscheinlich wirklich Richter. Ein Rechtsanwalt war bei dieser Farce von Prozess wieder nicht dabei.

Am nächsten Morgen glaubte ich, es würde mich irgendjemand befragen oder einfach nur mit mir reden. Dies sollte sich als Irrtum herausstellen. Vierzehn lange Tage gab es kein Wort, doch davon ahnte ich noch nichts. Nicht mal irgendein Kommando von diesen Stasischergen war zu vernehmen, wenn ich mal davon absehe, dass das Kommando „Schlafhaltung einnehmen!" in jeder Nacht des Öfteren lautstark zu hören war. Insbesondere in den Nächten der ersten Wochen und Monate drehte ich mich öfters um, legte meine Arme und Hände unter die Bettdecke oder zog mir die Bettdecke gleich ganz über den Kopf.

Schweigen kann tödlich sein. Dieser Satz erhält hier Realitätscharakter.

Dann endlich wurde die Zellentür aufgeschlossen und der ‚Freigang' begann. Für den Freigang waren die Tigerkäfige, die offiziell den Namen Freigangzelle hatten, gedacht. Also wurde ich durch den Flur geschlossen. Als Erstes kam wieder das Kommando

„101 Gehen Sie"! Ich ging also, bis ich ganz am Ende des Ganges vor einer Tür stand. Dahinter war eine Treppe und diese führte direkt zu dem Gang, der an den Freigangzellen endete.

Offiziell dauerte der Freigang dreißig Minuten, er konnte aber auch viel kürzer oder länger sein. Bei trockenem Wetter war länger auf jeden Fall die bessere Variante. Aber stellen Sie sich einmal vor, es seien minus zwanzig Grad und stürmischer Wind. Wenn ich dann dreißig Minuten in diesem Käfig eingesperrt bin, dann bin ich im Trainingsanzug und den Filzhausschuhen durchnässt. Nun kann das der erste von sieben Tagen sein, bevor ich die Sachen wieder tauschen kann. Den folgenden Gedanken überlasse ich Ihnen, liebe Leser. So konnte man allein die Wetterbedingungen nutzen, um uns psychisch kaputt zu machen.

Andersherum konnte das Wetter auch schön sein. Bei zwanzig Grad Celsius und Sonnenschein wäre ich so manches Mal ‚gerne' dreißig Minuten hiergeblieben, dann jedoch wurde ich schon nach sehr kurzer Zeit wieder zurück in die Zelle geschlossen.

So verging ein Tag nach dem anderen. Nachts schlief ich kaum und am Tag herrschte diese tödliche Ruhe. Zur Abwechslung wurde ich hin und wieder angebrüllt, weil ich mal wieder am Tisch, auf dem Hocker sitzend, eingeschlafen war.

Noch ein Tag und noch einer und noch einer. Irgendwann hörte ich auf zu zählen und beschloss, nicht mehr damit anzufangen, da es mich nur noch mehr kaputt machte. Mittlerweile war es mir egal, welcher Tag gerade war. Dies sollte sich später in der Haft, in der StVE (Strafvollzugseinrichtung) wieder ändern.

Nach einem endlos langen Zeitraum wurde meine Zellentür wieder geöffnet und nach dem Kommando: „101 kommen Sie" ging ich den Gang hinunter. Ich glaubte, der nächste Freigang wäre dran, aber dieses Mal hatte ich mich geirrt. Am Ende des Ganges, wo am Fußboden ein roter Streifen war, blieb ich wie gewohnt stehen, drehte mich um, mit dem Gesicht zur Wand und die Hände auf dem Rücken. Doch dann sperrte mich dieser Schließer in eine Zelle, in der ich zuvor noch nicht gewesen war. Sie war ausgestattet mit gar nichts. Noch nicht mal diese Glasbausteine waren hier in der Wand. Die Zelle war völlig dunkel und es dauerte lange, bis sich die Schließhebel wieder öffneten, nachdem vorher die Tür aufgeschlossen worden war. Überall in den Gängen waren diese Klingeldrähte an den Wänden und immer wieder waren sie durch Bananenstecker verbunden.

Diese Klingeldrähte waren dazu gedacht: Wenn ein Schließer sich bedroht fühlte, oder tatsächlich bedroht wurde, konnte dieser an irgendeiner Stelle an dem Klingeldraht ziehen. Durch das Trennen der Stecker wurde ein Alarm ausgelöst und nach ein paar Sekunden wäre man als Häftling von den Stasischergen überwältigt worden.

Es ging weiter einen langen Gang entlang und eine Etage nach oben. Hier waren keine Zellentüren mehr und das beunruhigte mich. Ich versuchte natürlich, mir davon nichts anmerken zu lassen. Der Schließer bemerkte es wahrscheinlich nicht, dem Vernehmer, dem ich nun gegenüberstand, blieb das vermutlich jedoch nicht verborgen. Ich durfte also nicht zum Freigang, sondern hatte meine erste Vernehmung. Jetzt ahnte ich, dass hinter all diesen Türen keine Haftkameraden, sondern Vernehmer waren.

Meine erste Vernehmung

Es dauerte nicht sehr lange, bis der Vernehmer mir erklärte, dass ich mich auf den Hocker setzen solle. So kann ich nur spekulieren und sagen, dass es vielleicht fünfzehn Minuten waren, in denen ich im Raum stand. Als ich mich gesetzt hatte, dachte ich, dass mich dieser Vernehmer irgendetwas Fragen oder zumindest etwas sagen würde. Aber nein, er blätterte nur wortlos in einer dicken Akte, schaute manchmal kurz auf, blätterte dann weiter und schüttelte den Kopf. Gesagt hat er nichts, nicht ein Wort. Ob der wohl wusste, wie tödlich Schweigen sein kann? Ich denke, dass er das sogar sehr genau wusste. Aber das war wohl die Taktik dieser von mir so gehassten Stasivernehmer.

Mürbe werden und kaputt gehen sollte ich, seelisch zerbrechen wollte er mich. Dieses endlose Schweigen war so unheimlich schwer zu ertragen, ich wollte aber nicht zerbrechen, ich wollte nicht kaputtgehen. Nein, diesen Gefallen wollte ich diesem Vernehmer nicht tun. Egal, wie lange er noch schweigen würde. Ich wollte nicht untergehen. Nach einer endlos langen Zeit schrie er mich endlich an. Lautstark machte er mir klar, „dass die Diktatur der Arbeiterklasse dazu gemacht ist, um solche Elemente wie mich unschädlich zu machen. Und so müsse ich mich nicht wundern, nun hier zu sein." Wo auch immer hier ist, dachte ich. „Aber hier haben wir viel Zeit und eins verspreche ich, bisher haben wir noch jeden kleingekriegt", brüllte er weiter. Danach fragte er mich sehr ruhig, fast so leise, dass ich ihn beinahe nicht verstanden hätte, was ich mir denn dabei denke, unseren sozialistischen Staat so infrage zu stellen.

Dann kam ein anderer Vernehmer in das Zimmer gestürmt. Dieser brüllte seinen Kollegen an, wie er hier arbeite. Anschließend erklärte er mir, dass ich Glück gehabt habe, weil **er** nun mein Vernehmer sei. Ob sein Kollege immer so sei, war mir im ersten Moment egal. Nun stellte mir dieser Vernehmer die Frage, wer mir bei der Flucht helfen sollte und wer diese vorbereitet hatte.

Ich dachte nicht im Traum daran, meine besten Freunde zu verraten. So sagte ich, dass ich überhaupt keine Ahnung habe, wovon er rede. „Ich wollte gar nicht flüchten", log ich ihn an.

Ich glaubte, er würde mir diese Antwort abkaufen, doch ich irrte mich. Er sprang auf, schlug mit der Faust auf den Tisch und sagte, er könne ja gehen und dann komme sein Kollege von eben wieder, um mit mir zu reden. Danach würde ich dann schon sagen, wer mir geholfen habe. Ich bekam einen Schreck und überlegte, was ich tun sollte. Eines stand fest, ich würde um keinen Preis der Welt meine

Freunde verraten. Mir ging zwar durch den Kopf, was nun vielleicht mit mir geschehen würde, aber was sollte mir schon passieren? Wenn sie mich umbringen würden, würden sie auch nicht erfahren, wie wichtig mir meine Freunde waren und dass ich sie niemals verraten würde.

Also blieb ich bei meiner gelogenen Aussage, dass ich doch gar nicht hatte flüchten wollen. In der Erwartung, nun physisch misshandelt zu werden, schloss ich meine Augen und … es passierte nichts. Überhaupt nichts. Er griff nur zu seinem Telefon, rief den Schließer und der brachte mich wieder zurück in meine Zelle.

Hier stellte ich fest, dass wohl eine lange Zeit vergangen war, denn durch die Glasbausteine war nur noch Dunkelheit zu erkennen, und bis zur Nachtruhe dauerte es auch nicht mehr lange. Ein Abendessen bekam ich an diesem Tag zum ersten Mal nicht. Wie unwichtig war doch das Abendessen. Ich hatte weder Hunger noch Appetit, daher hätte ich sowieso nichts gegessen.

Als die Nacht begann, legte ich mich auf die Holzpritsche mit der dünnen Matratze. Diese war so dünn, dass ich sie ohne große Mühe mit meinem kleinen Finger zusammendrücken konnte. Dementsprechend merkte ich auch keine Matratze.

Weil ich wieder mal nicht einschlafen konnte, überlegte ich, was wohl passieren würde, wenn ich weiterhin zu all den Fragen schwieg. Was würden sie mit mir anstellen? Würden sie mich weiter diesem tagelangen Schweigen aussetzen? Würden sie mich anschreien? Würden sie mich zusammenschlagen?

Was auch immer, ich hatte beschlossen, meine Freunde nicht verraten.

Irgendwann in der Nacht machte ich dann den Fehler, mich auf die Seite zu drehen und die Arme unter die Decke zu legen. Mit Sicherheit lag ich nicht lange so, denn alle paar Minuten ging ein Schließer an den Zellen vorbei und schaute durch den Spion. Bei meiner Zellentür riss er dann die Schließhebel laut krachend auf und schrie durch die geschlossene Tür in die Zelle: „Schlafhaltung einnehmen!"

Am nächsten Morgen war ich völlig kaputt von der Nacht, da ich kaum geschlafen hatte. Immer und immer wieder war das Kommando „Schlafhaltung einnehmen!!!" gekommen. Der neue Tag begann auch heute wieder mit kaltem Wasser, Zähneputzen – ebenfalls mit kaltem Wasser – und dem anschließenden Frühstück. Ich hatte noch immer keinen Hunger und auch keinen Appetit, sodass das Frühstück auch an diesem Tag, wegen völliger Bedeutungslosigkeit, ausfiel.

Mittlerweile quälte mich der Gedanke, was mit Heike geschehen sein mochte. War auch sie verhaftet und eingesperrt worden? Wer hatte mich an die Stasi verraten und so meine Verhaftung überhaupt möglich gemacht? All diese Fragen und noch viel mehr gingen mir durch den Kopf. Das blieb diesem Vernehmer nicht verborgen, denn der hatte ein psychologisches Hochschulstudium absolviert, wie ich heute weiß. Er hatte die Möglichkeit, all sein Wissen und Können dafür einzusetzen, mich psychologisch kaputt zu machen, und das tat er auch zur Genüge. Physische Schmerzen sind sehr unangenehm, aber psychische Schmerzen sind qualvoll und haben eine sehr, sehr lang anhaltende Wirkung. Das Wissen um diese Wirkung wurde voll ausgenutzt.

Endlose Tage und noch mehr nicht enden wollende Nächte dauerte es, bis ich von meinem Vernehmer zu hören bekam: „Ihre Eltern sind tot, aber das wissen Sie ja. Ihren Bruder haben wir verhaftet, der sitzt ein paar Häuser weiter und hat auch schon gestanden, dass Sie bei der Vorbereitung Ihrer Flucht mehrere Freunde hatten." Mein Bruder wolle aber keine Namen nennen, noch nicht. Er war der Meinung, ich solle die Möglichkeit haben, diese „feindlichen Elemente" selbst beim Namen zu nennen.

Ich fragte den Vernehmer, ob mein Bruder tatsächlich von „feindlichen Elementen" gesprochen habe. Er bejahte die Frage. Ich konnte mir nicht vorstellen, dass mein Bruder zu so einer Aussage fähig war. Konnte oder wollte ich mir das nicht vorstellen? Ich überlegte noch lange danach, dass ich mir das wahrscheinlich nicht vorstellen wollte. Schließlich war er doch mein Bruder. Wie viel Leid und wie viele Benachteiligungen hatte ich durch ihn schon erlebt, wie oft hatte ich zurückstecken müssen. All das hatte ich getan, hatte mich für ihn sogar hänseln und verprügeln lassen. Und nun so etwas. Das konnte unmöglich wahr sein.

Aber was war das?

Ich ertappte mich dabei, an diese Aussage meines Vernehmers zu glauben, denn mein Bruder war auch der liebe Kronsohn, der es in seinem Leben mal weit bringen werde, wie unsere Eltern immer wieder gesagt hatten. Aus mir hingegen konnte doch nichts werden. Aus jemandem, der sein eigenes Vaterland infrage stellte, konnte nichts werden. So, wie ich mich geäußert hatte, musste es über kurz oder lang ein schlimmes Ende mit mir nehmen, darin waren sich alle einig gewesen. Nur ich nicht.

Sollte mein Bruder also tatsächlich eine solche Aussage gemacht haben, dann würde ich ihn fragen, wieso er es getan hatte. Das nahm ich mir fest vor. Irgendwann bin ich wieder draußen – nicht in Freiheit, nein, die DDR ist schließlich ein großes Gefängnis, das seine Bürger einsperren muss, um sie am Weggehen zu hindern. Und wenn ich draußen bin, dann werde ich zu ihm gehen und ihn genau das fragen:

WARUM?

Ich blieb aber dabei, dass ich ganz allein gehandelt hatte und mein Bruder etwas falsch verstanden haben musste. Schließlich hatte ich kaum noch Kontakt zu ihm, zu Hause lebte ich schon lange nicht mehr. Unsere Eltern hatten mich seinerzeit einfach vor die Tür gesetzt. Diese Stasischergen konnten mir jedenfalls nicht das Gegenteil beweisen.

Wieder wurde ich in meine Zelle gebracht. Diesmal jedoch stellte der Vernehmer keine Frage mehr, bevor er mich zurückbringen ließ. Was hat das nun wieder zu bedeuten? dachte ich. Dieser Gedanke biss sich in mir fest und ließ mich die ganze Nacht nicht schlafen. Wenigstens brüllte der Schließer nicht wieder „Schlafhaltung einnehmen", denn ich war ja wach. Das konnte er aber durch den Spion nicht sehen.

Mir tat der Rücken so weh wie schon lange nicht mehr. Aber was war schon physischer Schmerz? Der verging auch wieder. Irgendwann müssen diese Unwirklichkeit und vor allem diese Unmenschlichkeit doch ein Ende haben, dachte ich. Spätestens dann würden auch meine Schmerzen aufhören. Und was dieser Vernehmer dachte, interessierte mich etwa so viel, als wenn in der Wüste ein Krümel Sand fehlte.

Am Abend hatte ich wieder nichts gegessen. Am Morgen wollte ich nichts essen, ich wollte, dass das hier aufhörte, ich wollte nicht mehr hilflos sein, ich wollte nicht mehr ausgeliefert sein, *ich wollte ... mich umbringen!*

Ja, das war doch mal eine Idee. Mit meinem Messer könnte ich mir einfach alle Adern aufschneiden, dann wäre ich tot. Na und, wem würde ich fehlen? An meine Heike dachte ich in diesem Moment nicht. Ich wollte nur dieses Elend, die Not und Pein, der ich hier unter anderem ausgesetzt war, schnell ein Ende bereiten. Wie lange ich noch hierbleiben musste, wusste ich doch nicht. Ob es, wenn ich dann erst mal raus sein sollte, besser werden würde, wusste ich auch nicht.

Also nahm ich das Messer aus dem Schrank, ständig den Spion im Blick, denn ich musste sicherstellen, dass mein Vorhaben glückte. Ich setzte mich auf den

Hocker in meiner Zelle, die Arme, so wie es zu sein hatte, auf dem Tisch aufliegend. Den Kopf in die Hände zu legen, wenn die Ellenbogen auf dem Tisch waren, wäre sowieso ganz schnell unterbunden worden. Als Erstes wollte ich mir die Pulsadern an den Handgelenken aufschneiden, danach die an den Oberschenkeln. So, glaubte ich, würde es nicht lange dauern, bis ich ohnmächtig zusammenbrach, um hoffentlich schnell danach zu sterben.

Ich hätte es ahnen müssen. Dieses Scheißmesser war zu stumpf, um sich damit die Pulsadern aufschneiden zu können. Also missglückte der Versuch, meinem Leben hier und jetzt ein Ende zu setzen. Dabei war es doch so ein sehnlicher Wunsch gewesen. Der Schließer, der nun wieder durch den Spion sah, bemerkte noch nicht mal, dass ich versucht hatte, mich umzubringen.

Nur einen kleinen Moment später ging mir meine Heike durch den Kopf. Es schoss mir durch den Kopf und durch den ganzen Körper. Wenn nun mein Versuch geglückt wäre? Wieviel Tränen wären aus ihren niedlichen Sternenäuglein geflossen? Hätte man sie benachrichtigt? Wenn ja, was hätte sie dann getan? Wie wäre sie mit dieser Nachricht umgegangen? Diese Fragen begleiteten mich durch den Rest des Tages. Heute hatte ich, warum auch immer, keine Vernehmung mehr. Ich glaube, ich wäre zusammengebrochen. Diesem Druck hätte ich heute bestimmt nicht standgehalten.

Langsam wurden die Tage kühler. Wenn ich mal wieder in diesem Tigerkäfig eingeschlossen war, um meine Freistunde zu bekommen, merkte ich, wie die Luft immer kühler und feuchter wurde. Wenn ich hier eingesperrt war und die Freistunde hatte, spürte ich meine fünf Sinne noch viel mehr. Ja, fünf Sinne. Entweder war ich schon verrückt geworden oder es war tatsächlich so. Ich hatte das Gefühl, als könne ich die Luft, den Wind, den nahenden Regen und auch die Temperatur fühlen. Ich fühlte auch, dass es heute wohl noch heftigen Regen geben würde. Die Luft roch nach Regen. Ich kann diesen Geruch und dieses Gefühl kaum beschreiben, aber meine Sinne wurden hier, in diesem Tigerkäfig, noch wacher und aufmerksamer, als sie es ohnehin schon waren. Als ich am nächsten Tag wieder in den Tigerkäfig geschlossen wurde, war der Betonboden noch nass. Es musste offenbar stark geregnet haben.

Ich hätte mich so sehr darüber gefreut, ein Blatt von einem Baum zu sehen, vielleicht oben auf dem Maschendrahtzaun, denn das Fliegen der Blätter konnte die Stasi nicht kontrollieren. Aber ich sah keinen Baum, von dem sich ein Blatt in diese Unwirklichkeit hätte verirren können.

Nach der x-ten Runde in diesem Käfig hörte ich Vogelstimmen. Sofort sah ich nach oben und konnte tatsächlich einen Schwarm von Vögeln am trüben Himmel sehen. Lautstark, als wollten sie mir Gottes Nähe, Trost und Zuversicht überbringen, zogen sie über mein tristes Dasein hinweg.

Ein Vogel zu sein, frei wie der Wind, das muss schön sein. Diesen Gedanken verfolgte ich gerne noch einige Stunden weiter, selbst dann noch, als ich

schon eine ganze Weile wieder in meiner Zelle eingeschlossen war und mir die Glasbausteine die Sicht
nach draußen versperrten.

Dann kam der Schließer. Wenn er meine Zellentür
aufschloss, hatte ich mich an die Wand mit den Glasbausteinen zu stellen und mein Gesicht ihm zuzu-
wenden. Er sagte die mir mittlerweile sehr bekannten
Worte: „101 Kommen Sie!" Also trat ich wieder aus
meiner Zelle heraus.

Dieses Mal ging es in einen anderen Vernehm-
mungsraum, wir mussten eine Etage nach oben gehen. Warum gehen wir die Treppe hinauf, überlegte
ich. Das war der Moment, in dem ich den Gedanken
an den Vogelschwarm nicht mehr verfolgen konnte.
Ab jetzt musste ich mich darauf konzentrieren, dem
Vernehmer nicht die Chance zu geben, doch noch Informationen aus mir herauszupressen, womöglich
durch eine unbedachte Geste oder ein unbedachtes
Wort.

Kaum war ich oben angekommen, hieß es: „101
Bleiben Sie stehen!" Ich blieb stehen und wartete,
dass es weitergehen würde. Nicht lange danach ging
es in einen größeren Vernehmungsraum als den, den
ich von meinen Vernehmungen aus der unteren
Etage her kannte. Mittlerweile wusste ich sehr genau,
dass nichts, aber auch gar nichts, was hier passierte,
mit Zufälligkeit zu tun hatte. Das System, mit dem
diese Vernehmer ganz offensichtlich arbeiteten, war
ein sehr gut überlegtes. Nicht umsonst hatte jeder
Vernehmer ein abgeschlossenes Hochschulstudium
in sogenannter operativer Psychologie, wie ich viele

Jahre später erfuhr. So konnten diese Scheissvernehmer ihr ganzes Wissen und ihr gesamtes Können dafür verwenden, mich psychologisch zu zerstören.

Meine Seele zu zerbrechen, das war ihnen aber noch nicht gelungen und ich hatte mir ganz fest vorgenommen, denen auch nicht die Möglichkeit zu geben, sie zu zerstören. Egal, was sie sich noch alles einfallen lassen würden, ich wollte stark bleiben. Gott wird immer bei mir sein, das weiß ich und er wird mir die Kraft geben. Ich kann nie tiefer als in Gottes Hand fallen. Daran glaubte ich fest.

Bestimmt brauchte auch meine Heike eine Menge Kraft, denn sie wusste sicher nicht mal, was mit mir passiert war. Der Glaube an Jesus Christus, unseren Herrn, vereinte uns auch trotz der Trennung durch die Stasi.

Sie konnte doch nur glauben, was man ihr erzählte. Was, wenn diese Stasischergen ihr erklärt hatten, ich sei tot? Was, wenn sie sie auch verhaftet und eingesperrt hatten? Was, wenn sie mit ihr das Gleiche wie mit mir machten, wenn ich nur mal an die Misshandlung mit dem Gummihandschuh denke? Heike war so jung wie ich, aber viel empfindsamer und verletzbarer. Was, wenn sie womöglich noch vergewaltigt worden war? Ich traute diesen Stasischergen alles zu, aber ganz sicher nichts Gutes.

All diese Gedanken musste ich jedoch schnell wieder zur Seite schieben. Die Gedanken konnte ich nicht zur Seite schieben. Im Gegenteil, umso mehr ich versuchte dies zu tun, je massiver wurden sie.

Jetzt war ich im Vernehmungszimmer angekommen, aber nicht in dem, in dem ich sonst war. Es war nicht nur ein anderes Vernehmungszimmer, es war auch ein anderer Vernehmer, mit dem ich nun zu tun hatte. Dies machte mein Vorhaben nicht unbedingt einfacher, denn diesen Vernehmer kannte ich noch nicht und ich wusste auch nicht, wie er reagieren würde. Welche Fragen würde er mir stellen? Würde ich es schaffen, mir mit keiner Regung etwas anmerken zu lassen? Ich wusste es plötzlich nicht mehr. Allein die Tatsache, dass ich es mit einem anderen Vernehmer zu tun hatte, stellte meine Gedanken auf den Kopf.

So kam es dann auch, dass ich wieder einmal erklärte, keine Freunde zu haben, die mir bei meiner Flucht geholfen hatten. Ebenso erklärte ich, dass ich noch nie jemandem bei einer Flucht geholfen hatte. Wieso auch sollte ich auf eine so einfach zu durchschauende Frage antworten? Er konnte unmöglich glauben, dass ich ihm einfach so meine allerbesten Freunde verraten würde. Das hätte er wohl gern, aber auf eine solche Frage würde ich ganz bestimmt nicht hereinfallen.

Er stellte jedoch zunächst keine Frage, sondern fing an, mir zu erklären, dass es schon schlimm genug sei, nicht an die führende Rolle der Arbeiterklasse zu glauben und dieser nicht zu vertrauen, aber auch noch die Frechheit zu besitzen, die Demokratie in unserem Staat zu hinterfragen, sei doch wohl der Gipfel. Er sagte auch, dass ich es unserem sozialistischen Staat zu verdanken habe, eine gute Schul-

sowie eine gute Berufsausbildung bekommen zu haben.

Klar, dachte ich. Welch gute Schulbildung war denn das, in der ich lernte, dass die Demokratie in unserer DDR die Diktatur der Arbeiterklasse sei? Dass die BRD und alle anderen kapitalistischen Länder unsere Feinde seien.

Die Grenze zur Bundesrepublik Deutschland sei nur gebaut worden, weil subversive Kräfte versuchten, unser sozialistisches Vaterland zu untergraben. Diesem, unserem Staat sei gar keine andere Wahl geblieben, als diese Grenze zu bauen, welche im Übrigen auch mich noch überleben werde.

Warum die Mauer dann auch noch „Antifaschistischer Schutzwall" genannt wurde, fragte ich nicht mehr. Mal abgesehen davon, dass unser Land ja „entnazifiziert wurde" konnte ich mir nicht vorstellen, dass jemand freiwillig in dieses Unrechtssystem wollte, und schon gar kein Faschist.

Darauf entgegnete ich, dass ich es nicht verstehen könne, wieso man denn die Menschen, die eigentlich nur selbst über ihr Leben bestimmen möchten, in dem großen Gefängnis DDR einsperren müsse, wenn Demokratie in diesem Staat angeblich so großgeschrieben werde. Also bleibe mir nichts Anderes übrig, als die Demokratie zu hinterfragen, denn demokratisch sei ein solches Handeln in meinen Augen, nicht.

Der Vernehmer wurde erst dunkelrot im Gesicht, dann stand er auf, schlug mit der Faust auf den Tisch und brüllte mich an, ich solle doch jetzt endlich die Namen nennen, sonst könne er auch anders!!!

Da hatte ich wohl etwas gesagt, was ihm so gar nicht in den Kram passte. Es dauerte nun nicht mehr lange, bis ich wieder in meine Zelle zurückgebracht wurde.

Nach kurzer Zeit wurde ich wieder zur Vernehmung geholt. Der Vernehmer saß auf seinem hohen Stuhl hinter dem großen Schreibtisch und blätterte wohl in meiner Akte. Er sagte kein Wort, sondern schüttelte nur hin und wieder mit dem Kopf. Dann blätterte er weiter. So ging das eine ganze Zeit. Ich stand immer noch, denn die Aufforderung, mich zu setzen, hatte ich noch nicht bekommen. Dann klappte er die Akte zu und schob sie zur Seite. Er stützte sich mit beiden Händen auf den Tisch und schrie mich an, ich solle endlich die Namen preisgeben, sonst werde er sofort die Vernehmung beenden!!!

Im Stillen dachte ich: Na gut, dann beende sie doch. Aber dann hätte er mich auch in meiner Zelle lassen können. Dass dies ein großer Irrglaube sein sollte, ahnte ich noch nicht, denn am Ende dieser schweigenden Vernehmung, da ich auch jetzt nichts sagte, kam ich nicht wieder zurück in meine Zelle, sondern wurde eine Etage höher in eine andere Zelle gebracht.

Kurze Zeit später wurde es dunkel, die Nacht war gekommen. Nun war ich doch sehr verwundert, denn die Mahlzeiten wurden sonst immer so akribisch genau eingehalten. Diesmal schien es niemanden zu interessieren, ob ich schon gegessen hatte oder nicht. Gut, ich hatte sowieso keinen Hunger, aber das war neu. Na, mal sehen, wie es morgen Früh so weitergeht.

Es war noch dunkel draußen, als ich wieder aus der Zelle heraus und in den Vernehmungsraum gebracht wurde. Ich wollte nicht mehr immer und immer wieder dieselbe Frage hören. Langsam, aber sicher zermürbte mich diese eintönige, immer wiederkehrende Frage nach meinen Freunden. Daher antwortete ich bei diesem Mal tatsächlich. Ich sagte: „Wenn mich dieses Land nicht haben möchte, kann ich auch anders, nämlich in einem anderen Land leben." Keine fünf Minuten später wurde ich in das Kellergeschoss in eine Dunkelzelle gebracht.

Gummi- oder Absonderungszelle

Als ich in diese Zelle hineingestoßen wurde, konnte ich gar nicht schnell genug realisieren, wo ich hier war. Eben als die Tür noch offenstand, war hier drinnen Licht. Jetzt, wo sie zu war, war es hier drinnen stockdunkel. Nicht der kleinste Lichtschimmer war zu sehen. Ich brauchte einige Zeit, bis sich meine Augen an dieses völlige Dunkel gewöhnt hatten.

Ich wollte zurück zur Tür, um dagegen zu hämmern und auf meine Situation aufmerksam zu machen, aber wo war die Tür? Diese Zelle schien nicht einmal Ecken zu haben, denn auf der Suche nach einer Tür war ich an keiner Ecke vorbeigekommen. Diese Zelle war also rund. Nachdem ich das festgestellt hatte, dachte ich: Na gut, dann hämmere ich eben mit meinen Fäusten gegen die Wand. Aber auch das ging nicht, denn die Wände waren zwar fest und stabil, aber doch irgendwie verkleidet, denn immer, wenn ich versuchte, irgendwo gegen die Wand zu hämmern, war nichts zu hören. Nur meine Handgelenke taten irgendwann weh.

Ich schrie so laut ich konnte, es tat sich nichts, ich schrie noch mehr, aber nichts rührte sich. Irgendwann konnte ich nicht mehr schreien, da meine Stimme ihren Dienst versagte. So sackte ich zusammen und muss wohl geschlafen haben. Geschlafen auf dem Fußboden, denn ein Bett gab es hier nicht.

Ich kam zu mir und mein erster Gedanke betraf meine Handgelenke, die noch immer schmerzten. Ehe ich von Schmerzen rede, braucht es einiges, denn ich hatte in meinem bisherigen Leben so viel an Schmerzen ertragen müssen, dass mein Schmerzlevel sehr hoch war und bis heute auch noch ist.

Wieder rief ich so laut ich konnte, denn meine Stimme hatte sich in der Zwischenzeit ein wenig erholt. Aber auch dieses Mal tat sich nichts. War hier keiner außer mir, hörte mich denn niemand? Wo war der Schließer, der mich hierhergebracht hatte? Und vor allem: Wieso ging hier nicht aller paar Minuten der Spion? All diese Fragen gingen mir durch den Kopf. Ich konnte aber keine davon beantworten.

Ganz plötzlich und ohne Vorwarnung, kam ein greller Lichtschein durch die Wand. Ich schloss instinktiv sofort meine Augen, da dieses Licht mich zu sehr blendete. Hier musste also doch noch jemand sein, woher sollte sonst dieses Licht kommen? Ganz sicher war dort auch die Tür, aber das Licht war so grell, dass ich nur die Augen schloss und mich umdrehte. Die Augen ließ ich auch danach noch lange verschlossen.

Dann hörte ich die Worte: „Trinken Sie das aus!" Schon war es wieder dunkel, genau wie zuvor. Wer war das denn? Stellt mir irgendwo etwas zum Trinken hin und verschwindet wieder. Ich legte mich mit dem Bauch flach auf die Erde und versuchte so, dieses Getränk zu finden. Ich kroch also auf dem Fußboden herum. Nach einer Weile hatte ich es geschafft, ich hatte ein Gefäß in den Händen, in dem wohl das Getränk sein musste. Ich wollte unbedingt wissen, was in diesem Gefäß war. Der Becher war kalt und so roch ich daran. Es war ein Geruch wie von einer kalten Currywurst. Eine Wurst konnte das doch aber nicht sein, oder? Waren die hier noch hinterhältiger, als ich glaubte? Die Stasi war sich offensichtlich zu keiner zermürbenden Maßnahme zu schade. Im Gegenteil, offensichtlich hatten sie großen Spaß daran, sich immer neue und noch perfidere Methoden der psychologischen Folter und Zersetzung auszudenken.

Ich hatte Durst und da ich nichts sehen konnte, nahm ich erst mal einen ganz kleinen Schluck von dieser merkwürdig riechenden Flüssigkeit. Jetzt wusste ich, was es war. Eine Art Brühe, die nach Tomate schmeckte. Ein ekliges Zeug, aber was trinkt man nicht alles, um nicht zu verdursten.

Verdursten ist aber nur ein anderes Wort für sterben, fiel mir auf.

Also beschloss ich für mich, den nächsten Becher, falls man mir noch einen bringen würde, gar nicht erst zu suchen. Den Rest aus dem Becher, den ich noch immer in der Hand hielt, goss ich auf den Boden. Um nicht versehentlich hineinzutreten, goss ich die Flüssigkeit an einer Stelle aus, an der die Wand den Boden berührte. So nah an der Wand sollte ich also ab sofort nicht mehr laufen.

Es dauerte eine sehr lange Zeit, bis die Tür wieder aufging. Wie viel Zeit vergangen war, konnte ich nicht sagen. Tageslicht, wie zuvor in der Zelle, konnte ich nicht sehen. Die Tür öffnete sich nur sehr kurz und anscheinend nur für den einen Zweck, mich mit einer wahnsinnig grellen Lampe so richtig zu blenden, und schon war die Tür wieder zu.

Ich musste meine Augen sehr lange geschlossen halten, bevor ich sie langsam wieder öffnen konnte. Da war es wieder, dieses Dunkel, aber diesmal war es anders. Es war nicht nur dunkel, sondern meine Augen brannten wie Feuer, sodass ich sie in der nächsten Zeit mehr geschlossen als geöffnet hatte. Dieser brennende Schmerz war kaum auszuhalten. So etwas habe ich danach nie wieder erlebt.

Waren meine Augen so sehr mit der Überanstrengung beschäftigt, in dieser Dunkelheit ein kleines bisschen Licht zu erhaschen, oder waren sie zu müde für diesen Kampf gegen die Dunkelheit geworden?

Ich musste zur Toilette. In dieser Zelle gab es aber scheinbar keine und so verkniff ich mir den Drang immer mehr. Irgendwann musste doch mal wieder ein Schließer vorbeikommen und mir etwas zu trinken oder sogar etwas zu essen bringen. Es dauerte lange, zu lange, um abwarten zu können. Ich schaffte es nicht und machte mir in die Hosen. So war zwar meine Blase leer, aber meine Hose nass. Das störte hier jedoch niemanden, nur mich selbst. Irgendwann roch ich den Urin aber nicht mal mehr. Insgesamt, wie ich viele Jahre später erfahren sollte, war ich drei Wochen hier drinnen. In der Zeit musste ich so einige Male zur Toilette. Und das, obgleich ich hier keine drei Mahlzeiten täglich bekam.

Die Tür ging auf, ich hörte, dass leise der Schließhebel betätigt wurde – ganz im Gegensatz zur Zelle oben, die Türen dort wurden immer möglichst laut aufgerissen und beim Schließen wurde ordentlich dagegengetreten. Instinktiv schloss ich meine Augen, um nicht wieder so geblendet zu werden. Aber es kam kein Licht, es kam auch kein Kommando, nichts, aber auch gar nichts. Ich dachte, ich könne nun wieder raus, aber das sollte ein Irrtum sein. Die Tür ging nicht auf, sondern blieb zu, jedoch nicht verschlossen. Es dauerte nur wenige Sekunden bis mit einem lauten Schließgeräusch der Schlüssel sich mehrfach im Schloss drehte.

Wenn ich versuchte, durch Rufen auf mich aufmerksam zu machen, versagte meine Stimme einfach ihren Dienst. Was sollte ich nun also tun? Für mich stand jetzt erst recht fest, dass ich diesem Staat den Rücken kehren würde, sobald sich die Gelegenheit dazu ergab. Hier konnte ich aber erst mal nichts tun, nicht mal zur Toilette konnte ich gehen, wann ich wollte. Meine Zelle oben hatte wenigstens eine eigene Toilette, aber hier?! Hier gab es lediglich ab und zu einen Kübel, für den Stuhlgang. Das war aber auch nicht immer der Fall, sodass ich mich einige Male einfach nur an der Wand erleichtern konnte. Auch diesen Geruch wurde ich bis heute nicht wieder los. Allein beim Schreiben hier, bekomme ich diesen Geruch in meine Nase.

Nach einer längeren Zeit ging die Tür wieder auf und wieder wurde ein Becher, verbunden wie beim ersten Mal, mit dem Kommando „Trinken Sie das!" hineingestellt. Aber ich hatte ja schon beschlossen, dass ich dieses Getränk nicht anrühren würde. Also brauchte ich es auch nicht zu suchen. Mir war auch völlig egal, was sich dieses Mal darin befand. Ich fragte mich allerdings, wie ich es vermeiden konnte, dagegen oder, was mir noch unangenehmer wäre, mitten hineinzutreten.

Aber angenehm oder unangenehm, was machte das schon aus? Wenn ich hier lebend wieder herauskommen sollte, hatte ich doch so oder so verloren. Tot würde ich all die Schande und die Pein wenigstens nicht mehr spüren.

Ich wollte wieder an meinen Platz gehen. Doch wo war er? Wo in dieser stockdunklen Zelle war ich gerade? War ich gleich an der Tür oder war ich weit weg davon? Ich wollte hier sitzen bleiben und sehen, wo ich mich befand, wenn die Tür aufging. Vielleicht hatte ich ‚Glück‘ und die Tür würde sich bald öffnen. Doch wann war bald? In der Zelle hatte ich jedes Gefühl für Zeit und Raum verloren.

Meine Gedanken drehten sich jetzt wieder um meine Heike. Wie ging es ihr gerade? War auch sie verraten und verhaftet worden? Immer und immer wieder überlegte ich, wie es ihr ging. Sie war mir sehr wichtig geworden, immerhin war ich schon über zehn Jahre mit ihr zusammen. Während ich nachdachte, schob sich wieder ganz leise der Schließhebel der Tür zur Seite und ich schloss meine Augen. All meine Sinne waren hellwach, denn ich wusste ja nicht, was dieses Mal passieren würde. Es gab kein Getränk, sondern es wurde eine Art Matte in meine Zelle geschoben. Sollte hier langsam der Luxus einziehen? Eine Matte. Und wenn mich mein Tast- und Geruchssinn nicht völlig trogen, dann war es eine Strohmatte. Sollte ich darauf schlafen?

Eine nicht unbedingt schlechte Lösung. Auf jeden Fall würde es bequemer als auf dem blanken Fußboden werden, auf dem ich bisher alle Nächte hier verbracht hatte. Wenn man an einem solchen Ort von Bequemlichkeit reden kann.

Es kam die Zeit, dass ich müde wurde. Müde vom Leben, kraftlos, erschöpft, körperlich, aber vor allem psychisch kaputt.

Mir war alles egal, ich wollte nichts mehr denken, nichts mehr sagen, nicht mehr kämpfen, nicht mehr leben.

Ich hatte keine Kraft mehr. Ich war so schwach, dass ich nicht einmal mehr aufstehen und laufen konnte. Ich kroch auf dem Fußboden und näherte mich ganz langsam dieser Matte. Hinauf schaffte ich es noch, dann schlief ich ein.

Zurück in meiner Zelle

Als ich wieder wach wurde, befand ich mich in meiner Zelle. Ich hatte keine Ahnung, wie ich hierhergekommen war. Ich musste zwischenzeitlich ohnmächtig gewesen sein. Oder meine Seele schützt meinen Verstand bis heute. Denn ich weiß noch immer nicht, wie ich wieder aus der Gummizelle raus und in meine Zelle gelangt bin.

Warum lag ich auf dem Bett? Ich erschrak und sprang sofort hoch. Das hätte ich besser lassen sollen, denn die Quittung meines ausgezehrten Körpers kam sofort. Ich brach zusammen und fiel auf den Fußboden. Nach einer ganzen Weile kam ich wieder zu mir, bemerkte, dass ich – wie auch immer – wieder auf meinem Bett lag, stand langsam auf und setzte mich auf den Hocker in meiner Zelle. Da war es wieder, das Geräusch, welches mir so gefehlt hatte. Der Spion ging auf und der Schließer sah hindurch. Er sagte kein Wort, sondern ging einfach wieder weg.

Auf dem Bett zu liegen war sonst nur in der Nachtruhe gestattet und jetzt schien ich, wie auch immer, auch ein zweites Mal von irgendjemand, wohl ein Schließer oder zwei, wieder zurück in mein Bett gelegt worden zu sein.

Was war passiert? War es nun egal, ob ich auf dem Bett oder ohnmächtig zusammengebrochen auf dem Fußboden lag? Das konnte ich mir nicht vorstellen. Schließlich gingen die Schließer hier Tag und Nacht alle paar Minuten über den Flur und kontrollierten die

Zellen. Aber das hatte ich erst jetzt wieder bemerkt. War vorher keiner da gewesen, der sich für mich interessierte und sehen wollte, ob ich auch gegen keinerlei Regeln verstieß, oder hatte ich es einfach nur nicht mehr wahrgenommen?

Bin ich noch ich? Lebe und fühle ich noch?

Oder befinde ich mich in einem Albtraum? Aber wenn ich schon tot bin, warum sollte ich dann noch hier in dieser unmenschlichen Zelle sitzen? Nein, ich musste wohl immer noch am Leben sein. Warum nur, warum war ich noch immer nicht tot? Eine Erklärung fiel mir nicht ein. Ich war ausgezehrt, ich hatte keine Kraft mehr, was ich sehen konnte, erschien nur noch trüb. Meine Augen gaben mir kein klares Bild mehr von meiner Zelle. Waren sie noch überanstrengter als ich selbst? Was hatten sie in der langen Zeit der völligen Dunkelheit leisten müssen? Da war es doch klar, dass auch meine Augen einfach schwach geworden waren. Auch reagierten sie auf Lichteinwirkung viel empfindlicher als vorher.

Ich stand auf und ging zu dem Fenster mit den Glasbausteinen. Tageslicht, aber irgendwie sah dieses Tageslicht heute viel heller aus als sonst. Ich dachte nur, nun ist es so weit. Jetzt wirst du völlig verrückt. Der Tag heller als sonst, na klar, weil heute eine andere Sonne scheint, oder wie? Doch ich sollte bald die tatsächliche Erklärung für meine Verrücktheit bekommen.

Die nächste Freistunde stand an und ich wurde in den Tigerkäfig geschlossen. Hier war der Boden so grau wie sonst, aber oben, auf dem Steg für die

Stasiposten, musste Schnee gefallen sein, denn ab und zu fiel etwas Schnee von den Sohlen der Stiefel herunter. Leider kam ich immer zu spät, wenn ich versuchte, ein wenig Schnee in die Hand zu nehmen, um zu fühlen, wie kalt er wohl sein mochte und ob es fester oder lockerer Schnee war. Ich hätte so gerne ein wenig davon in die Hand genommen, aber als ich endlich die Chance dazu gehabt hätte, war meine Freistunde schon wieder zu Ende.

Es war offensichtlich Winter geworden. Hatten wir noch immer das Jahr 1986 oder hatte ich gar nicht mitbekommen, dass zwischenzeitlich Silvester war und wir das Jahr 1987 schrieben?

Wie lange würde ich diesem Druck noch standhalten können? Was würde passieren, wenn ich weiterhin beharrlich alles bestritt oder schwieg? Gab es noch Schlimmeres, als in dieser dunklen Zelle zu sein? Würde ich noch mal dorthin kommen und dann noch viel länger? Ich hatte keine Ahnung. Aber wenn es so gekommen wäre, wäre ich zusammengebrochen und hätte alles erzählt, was dieser Vernehmer von mir hätte hören wollen.

Hatte die Stasi ihr Ziel erreicht von mir alles zu hören? Das hätte diese Typen sicherlich sehr gefreut, wenn sie auch noch meine Freunde hätte quälen können und psychisch so zu terrorisieren, dass auch sie zusammengebrochen wären. Das hätte ich mir niemals verzeihen können.

Wieder einmal ging ich, ohne etwas gegessen zu haben, zu Bett. Ich lag wach, in vorgeschriebener Schlafhaltung – auf dem Rücken und mit dem Gesicht

zur Decke. So blickte ich genau in die grelle Decken-
lampe. Ich konnte nicht schlafen. Einfach nicht schlafen. Wenn ich zusammenbrechen würde, was würde
mit meiner lieben Heike passieren? War sie noch in
Freiheit? Freiheit ist gut, schließlich war dieses
heuchlerische System DDR auch nur ein Großraum-
gefängnis, dass seine Bürger mit Mauern, Stachel-
draht, Hunden, Selbstschussanlagen und noch eini-
gem mehr festhielt. Hatte man sie geschlagen oder
ihr sonst körperliche Gewalt angetan? Ich suchte
nach den Antworten auf all die Fragen, die mich so
oft quälten. Aber ich konnte noch so lange überlegen,
ich kam zu keiner Lösung.

Ich hatte es geschafft, in diesem Jahr nicht
schwach zu werden, und das wollte ich auch im kommenden Jahr 1987 nicht werden.

Mein bestes Überlebensmotto, welches ich ohne
Papier und ohne Stift in meinen Kopf in der Gummizelle geschrieben hatte war dieses:

„Herzen die Gesichter tragen,
stellen keine dummen Fragen,
sie sind einfach da im Leben,
helfen Lasten wegzuheben".

Irgendwann schlief ich dann wohl doch ein, die
Hände oberhalb der Decke und mein Gesicht in die
Zelle hinein, in Schlafhaltung eben.

Am nächsten Morgen begann nicht nur ein neuer
Tag, der mit tödlicher Langeweile verbunden war, es
begann auch ein neues Jahr und in mir keimte die

Hoffnung, noch in diesem Jahr von hier wegzukommen. Wohin auch immer, denn schlimmer als hier konnte es nirgendwo mehr werden. Davon war ich überzeugt.

So begann das neue Jahr 1987. Draußen hätte ich jetzt wohl eine durchfeierte Nacht hinter mir gehabt. Zusammen mit allen Freunden zu sitzen und zu feiern oder einfach nur gemeinsame Zeit mit Heike zu verbringen, das war doch mal ein schöner Gedanke, der mir da durch den Kopf ging. Ich weiß gar nicht, warum oder wie ich jetzt darauf kam. Vielleicht brauchte mein Kopf nur mal etwas Positives, woran er denken oder glauben konnte. Daher hielt ich diesen Gedanken noch ein wenig fest, denn es war einfach schön, dieser Vorstellung hinterher zu träumen.

Apropos Glauben: Wo war eigentlich Jesus Christus oder wo war Gott in der Zeit, in der ich in dieser Gummizelle eingesperrt war? Als ich kein Essen und kein Trinken – jedenfalls nichts, was diesen Namen verdient hatte – bekam? Ich habe oft und lange darüber nachgedacht, aber es kam nur ein Ergebnis dabei heraus: **Irgendwann werden sich alle vor Gott für ihre Taten und Untaten verantworten müssen.** Gott wird sie alle richten, das spreche ich auch in meinem christlichen Glaubensbekenntnis.

Das Frühstück kam. Ich hörte schon den Wagen über den Flur ächzen. Er war wohl nicht mehr der Jüngste, im Gegensatz zu mir, denn ich war gerade erst 23 Jahre alt geworden. Als ich daran dachte, war meine Fröhlichkeit auch schon wieder vorbei, denn den eigenen Geburtstag hinter Gittern zu verbringen, obwohl man gar nichts Kriminelles getan hatte, war nicht schön. Was wird Heike wohl an meinem Geburtstag oder an Weihnachten gedacht und gemacht haben? Ich hoffe und bete jeden Tag, das mein Sternenäuglein noch am Leben ist.

Heute war zwar der 1. Januar. Und auch heute wurde die Futterluke von außen geöffnet. Es ertönte das Wort: „Schüssel" worauf ich meine Schüssel durchreichte und sie kurz darauf mit zwei Scheiben Brot zurückbekam. Sie waren dünn mit Margarine und Marmelade bestrichen und zusammengeklappt. Danach kam das Kommando: „Becher". Ich reichte nun auch meinen Becher durch die Futterluke und er wurde mit heißem Muckefuck gefüllt. Mal davon abgesehen, dass dies Malzkaffee ist, war er auch noch so dünn, dass ich durch den Muckefuck den Tassenboden sehen konnte. Deshalb gab es zum Frühstück aber trotzdem nichts, was auch nur im Entferntesten daran erinnerte, dass heute ein Feiertag war. Zum Sattwerden zu wenig und zum Verhungern zu viel.

Eine Vernehmung würde die Langeweile und die tödliche Stille heute wohl nicht durchbrechen. Diese Herren hatten sicherlich etwas anderes zu tun, als sich mit mir oder einem anderen Häftling zu befassen. Gab es hier andere Häftlinge? Nur das Aufleuchten der roten Lampen auf dem Flur weckte in mir den Gedanken, dass ich wohl nicht der Einzige war, der in dieser unwirklichen Umgebung nach und nach systematisch kaputt gemacht wurde. Außerdem war noch eine Menge weiterer Zellentüren da. Hinter jeder verbarg sich bestimmt ein anderes Schicksal. Ich sollte aber nie herausbekommen, welches das war. Einen anderen Häftling bekam ich hier nie zu sehen.

Ich wollte mich nicht kaputt machen lassen. Nach wie vor hatte ich meinen Glauben daran festgemacht, dass ich niemanden meiner Freunde verraten würde. Gummizelle, stundenlange Vernehmungen, psychische und auch physische Folter hatten mir in den letzten Monaten sehr zugesetzt, aber ich war noch immer nicht zerbrochen, sondern ganz.

Einige Knicke und Brüche hatte ich er- und durchlitten, aber ich wollte und wollte nicht nachgeben. Ich wollte nicht schwach werden, denn wenn ich erst anfangen würde, etwas zu erzählen, dann hätte ich sehr schnell verloren, denn das war es ja, was dieser Vernehmer wollte. Mich psychisch völlig zu zerstören, wäre dann wohl kein Problem mehr.

So vergingen die nächsten Tage wieder ohne eine einzige Vernehmung und diese tödliche Langeweile machte sich wieder breit und breiter in meiner ohnehin nur sehr engen Zelle. Acht Schritte in der Länge und drei bis vier in der Breite waren nicht unbedingt viel. Aber Zeit genug hatte ich ja nun, um sie mir auf diese und viele andere Arten zu verkürzen, wenn auch nur vom Gefühl her.

Es wurde Abend, es wurde Nacht und dann kam wieder dieses schreiende Kommando: „Schlafhaltung einnehmen!!!" Ob dies vor meiner oder vor einer der benachbarten Zellen geschrien wurde, hörte ich immer noch nicht so genau heraus. Das Einzige, was ich jedes Mal wiederbekam, war der Schreck.

Irgendwann ist diese Nacht vorbei. Wie all die anderen zuvor. Aber bald wird es Mittag und dann habe ich wieder Wahlessen – esse ich oder esse ich nicht.

Wer hier verlernt, sich etwas sarkastischen Humor zu bewahren, der ist verloren. Hilf- und haltlos den Stasischergen ausgeliefert. Dann haben die erreicht, was sie wollten. Psychisch kaputt mit einer zerbrochenen und zertrampelten Seele will die Hülle drum herum auch bald nicht mehr. Noch ahnte ich nicht, dass ich von diesem Zustand gar nicht so weit entfernt war. Dabei hatte ich mir doch so fest vorgenommen, nicht zu zerbrechen, nicht klein zu werden und ausgeliefert zu sein. Doch es kam ganz anders. Ich sollte nicht nur zusammenbrechen, sondern ich sollte Geräusche hören und Bilder sehen, die sich ganz tief in meine geschundene Seele einbrannten und die ich in meinem Leben niemals mehr loswerde. In der Traumatherapie kann ich heute zwar lernen damit umzugehen, aber los werde ich nichts von all dem was mir – auch hier – geschehen war.

Meine letzte und schmerzvollste Vernehmung

Am 07. Februar 1987 konnte auch ich nicht mehr. Ich bin seelisch zusammengebrochen, so zusammengebrochen, dass meine Seele, mein Herz und alles, was sich in diesem Körper befand, kaputt war. Das Gift der Stasi begann zu wirken. Es wirkte und begann, nach und nach meinen ganzen ausgezehrten Körper zu zersetzen.

Die vielen Vernehmungen nahmen kein Ende. An vielen Tagen glaubte ich, dass die Vernehmungen für heute vorbei waren, doch fast immer irrte ich mich. An manchen Tagen wurde ich dreimal zum Vernehmer geschlossen. Wieder und wieder hatte ich das geglaubt oder besser gehofft, aber jedes Mal war ich nicht lange in meiner Zelle gewesen, als der Schließer schon wiederkam, die Schließhebel aufriss und die Zellentür öffnete, um mich herauszuholen. Er durfte nicht mit mir reden und so sagte er immer nur: „101, kommen Sie!"

Ich kam zur Tür, ging aus meiner Zelle heraus, rechts um die Ecke und den ganzen langen Gang entlang. Bis zur nächsten Gittertür. Dort war ein roter Strich auf dem Fußboden, direkt in das Linoleum, eingearbeitet. An dieser Stelle hatte ich stehen zu bleiben, mich umzudrehen, das Gesicht zur Wand oder besser zur Scheuerleiste, die Hände auf dem Rücken den Kopf und den Blick, wie immer, zum Boden gesenkt.

Einmal war ich mit meinem Gesicht wohl nicht nah genug an der Wand, da bekam ich einen Schlag mit der Hand auf den Hinterkopf, sodass ich mit meiner Nase gegen die Wand stieß. Sie fing an zu bluten, doch den Schließer interessierte das nicht. Nur der Vernehmer fragte, was *ich* mit meiner Nase gemacht habe. Oh, dachte ich, ist heute ein besonderer Tag oder warum interessiert ihn plötzlich meine Verletzung? Ich war auch erstaunt, als er sagte: „So kann ich mit Ihnen nicht reden, ich lasse Sie zurück in Ihre Zelle bringen."

Ich dachte: Was soll ich jetzt in meiner Zelle machen? Aber die Idee war gut. Als ich dort war, drehte ich den Wasserhahn auf. Das kalte Wasser, welches ohne Ende aus beiden Wasserhähnen kam, ließ ich auf das Toilettenpapier laufen und konnte so meine blutende Nase kühlen.

Der Vernehmer musste ein sehr gutes Zeitgefühl haben, denn kaum war das Blut gestillt und ich saß auf meinem Hocker, wurde die Tür erneut geöffnet und wieder kam das gleiche Kommando, das ich jedes Mal bekam, wenn ich aus der Zelle geholt wurde: „101, kommen Sie!" Es geht also wieder zur Vernehmung, glaubte ich, und dieses Mal sollte mein Glaube mich nicht trügen. Aber ich wurde in ein anderes Vernehmerzimmer gebracht. Die Vernehmung begann, wie ich sie mir in meinen schlimmsten Träumen nicht hätte vorstellen wollen.

Der Vernehmer erklärte mir, dass auch meine Heike verhaftet worden und sehr gesprächig sei. Das konnte ich mir nun gar nicht vorstellen. Nicht, dass meine Heike verhaftet worden war, das war schon möglich, aber dass sie der Stasi auch nur ein Wort erzählt hatte, glaubte ich nicht.

Plötzlich hörte ich laute Schreie, zwischendurch ein Klatschen und Knallen, dann wieder Schreie, lauter als zuvor, und dann Stille. Stille, die so laut war, dass sie mich zu zerreißen drohte. Dann wieder Schreie, laute Schreie, ein dumpfer Knall, ein männliches Stöhnen und dann nichts.

Mein Vernehmer saß so lange still auf seinem großen Stuhl und sagte kein Wort. Ob er mich beobachtete, kann ich nicht sagen, ich bekam um mich herum nichts mehr mit, ich war inmitten dieser Schreie. Schreie einer jungen Frau. Dann stand ich auf und wollte raus, ich wollte raus und sehen, von wem diese Schreie kamen. Mein Vernehmer sprang hoch. So schnell hatte ich ihn noch nie aufstehen sehen, aber jetzt war er hochgeschossen wie eine Rakete. Er hatte auf einen Knopf gedrückt und mehrere Stasischließer drückten mich wieder auf den Hocker runter. Ich dachte, dass jetzt die Beine des Hockers brechen würden, bei der Gewalt, die die Schließer anwendeten, um mich wieder zum Sitzen zu bekommen.

Ich wollte oder konnte nicht glauben, dass diese Schreie von meiner lieben Heike stammten. Was aber, wenn es doch so war, wenn sie geschlagen wurde oder man ihr noch viel Schlimmeres antat? Diese Stasischergen waren sich für nichts zu schade. Jeder perfide Plan, den so ein Stasihirn entwickelte, wurde weiterverfolgt, bis es nicht mehr schlimmer ging. Was diese Vernehmer noch alles tun würden, um mich noch weiter kaputt zu machen, konnte ich nicht einmal erahnen. Aber diese Schreie, die ich heute noch höre, wenn ich an meine letzte Vernehmung denke, gingen mir so nah und ließen mir eiskalte Schauer über den ganzen Körper laufen. Danach wurde mir heiß und kalt, ich zitterte am ganzen Körper.

Nun glaubte ich, würde meine Vernehmung ihren weiteren Verlauf nehmen. Stattdessen wurde ich wieder zurück in die Zelle gebracht. Hier überlegte ich noch viel angestrengter, wer diese junge Frau war, die mit ihren herzzerreißenden Schreien weithin zu hören gewesen sein musste.

Nur eines war sicher: Der Raum, aus dem diese Schreie kamen, konnte nicht sehr weit weg von dem Vernehmerzimmer sein, in dem ich gerade gewesen bin. Wozu war dies – aus Stasisicht – gut meine Reaktion(en) zu sehen und/oder zu hören. Ich selbst konnte nicht reagieren. Als ich wieder auf dem Hocker saß, hatte ich Schmerzen an meinen Schultern. Ich muss nur noch ein Häufchen Elend gewesen sein. Den Weg zurück in meine Zelle schleppte ich mich mehr, als ich lief.

So vergingen wohl ein paar Stunden. Dann kam der Schließer wieder und riss erst den oberen und anschließend den unteren Hebel auf. Daraufhin fuhr der Schlüssel ins Schloss meiner Zellentür und die Tür ging auf. Ich trat weit nach hinten in die Zelle hinein, sodass ich fast vor der Wand mit den Glasbausteinen stand. Diese Wand lag genau gegenüber meiner Zellentür. Er sagte: „101, Kommen Sie!", also ging ich aus meiner Zelle heraus und kaum war ich um die Ecke auf den Flur getreten, bekam ich das nächste Kommando: „Bleiben Sie stehen! Hände auf den Rücken! Gesicht zur Wand!" Ich blieb stehen, hatte die Hände auf dem Rücken, drehte das Gesicht zur Wand, hatte den Blick wie immer nach unten gesenkt und blieb genauso stehen. Dann lief ich auf der Seite des Ganges, auf der sich auch meine Zellentür befand. Der Schließer lief auf der anderen Seite.

Nun ging es wieder in den Vernehmungsraum, in den ich auch sonst zu meinen Vernehmungen gebracht wurde.

Der Verhehmer ließ mich noch eine Weile stehen, vielleicht eine Stunde, dann plötzlich herrschte er mich an und brüllte, ich solle mich auf den Hocker setzen!!!

Dieser stand soweit vom Tisch entfernt, dass ich keine Möglichkeit hatte, zu sehen, in welchen Dokumenten er da so lange wortlos blätterte. Ich dachte erst, so dick könne meine Akte doch gar nicht sein. Dieser Gedanke sollte sich viele Jahre später als Irrtum herausstellen. Also glaubte ich, dass er in diesen Unterlagen nur blätterte, um diese tödliche Stille zu genießen und um zu beobachten, wie es mir nun ging.

Von den Schreien hatte er doch sicher etwas gehört und so konnte er sich bestimmt auch vorstellen, wie kaputt ich schon beinahe war. Beinahe kaputt – naja, ich lag eben noch nicht auf dem Boden. Und dieser Vernehmer brauchte nur noch auf mir herumzutrampeln und mein Körper und meine Seele wären nur noch Staub gewesen.

Dann aber tat er etwas, womit ich nicht gerechnet hatte. Er wiederholte nur die Aussage des vorigen Vernehmers, dass meine liebe Heike, mein Sternenäuglein verhaftet worden sei, und zeigte mir ein Bild.

Ich konnte nicht hinsehen ... Nein, ich wollte nicht ... Nein, es durfte doch nicht ... Es konnte nicht sein, was ich da sah.

70

Er hielt mir ein Bild von meiner lieben Heike hin. Ihre schönen, glänzenden Augen glänzten nicht mehr. Sie sahen nur noch trüb aus, wenn überhaupt, denn das linke Auge war völlig zugeschwollen.

Sie war im ganzen Gesicht über und über mit Blut verschmiert. Ihre Unterlippe war aufgeplatzt und blutete ziemlich stark. Die Träger ihres Kleides waren zerrissen. Ein tiefer Riss teilte das Kleid in rechts und links. Viele rote Flecken und Kratzspuren hatte sie auf ihrem Busen. Der Bauch war von mehreren blauen Flecken übersäht. Offensichtlich trug sie auch keine Unterwäsche mehr. Das dreckige Grinsen dieses Vernehmers sehe und höre ich noch heute, wenn ich an dieses Bild denken muss.

Sie musste derart misshandelt worden sein, dass ich mich nicht mehr zusammenreißen konnte. Ich brach zusammen und konnte meine Wut nicht mehr unter Kontrolle halten. Ich schrie meinen Vernehmer an: *„Was haben Sie und die anderen Stasischweine mit meiner lieben Heike getan???!!!"*

Ich wusste nun, dass sie es tatsächlich gewesen war. Lange aber konnte ich nicht schreien, denn meine Stimme versagte wieder ihre Dienste. So kamen aus meinem Mund nur noch stumme Schreie, die in mir selbst verhallten, ohne dass sie irgendjemand wahrgenommen hätte.

Diesem Vernehmer ging es mit Sicherheit nicht darum, meine Schreie zu hören, sondern nur darum, mich physisch und vor allem psychisch kaputt zu machen. Zerbrechen sollte ich, zu keiner eigenen Regung mehr fähig sein.

Nun war offensichtlich genau das eingetreten, was ich immer verhindern wollte. Ich wollte doch stark sein, mich wehren, nicht zusammenbrechen, diesem Vernehmer die Stirn bieten.

Fast wäre ich vorher schon einmal zusammengebrochen. Jetzt aber konnte ich nicht mehr, ich schaffte es einfach nicht mehr, meine Tränen zu verbergen, meine Gefühle wie Wut, Schmerz, Ohnmacht und Trauer zu kontrollieren. Zu all dem war ich auf einmal nicht mehr fähig. Ich war diesem Vernehmer völlig hilflos ausgeliefert. Es wirkte das Gift der Stasi. Es lähmte nicht nur meine Gefühle, es lähmte alles in mir. Ich war zu keiner Regung mehr fähig und ich hatte keine Chance dies zu verhindern. Sie hatten meine liebe Heike offensichtlich zusammengeschlagen und sexuell missbraucht. Ja, sie hatten mein Sternenäuglein auch vergewaltigt und das nicht nur einmal, wie ich Jahrzehnte später von ihr erfuhr.

An diesem Tag weinte ich das letzte Mal.

Bis mir das nächste Mal Tränen über die Wangen liefen, sollte es noch bis zum 20.03.2019 dauern.

Da war Heike schon beinahe sechs Jahre tot. Sie starb an einer Leukämie in meinen Armen und der Gegenwart ihrer erwachsenen Tochter Julia.

Meine Traumatherapeutin hatte es gemeinsam mit mir geschafft, dass wieder Tränen über mein Gesicht liefen.

Aber zurück zur Vernehmung, die so schmerzhaft war, dass ich es nicht beschreiben kann.

Ich erzählte dem Vernehmer von den Vorbereitungen der Fluchten, die ich mit organisiert hatte. Ich erzählte ihm auch von der Vorbereitung meiner eigenen Flucht. Obwohl die Fluchten alle längst vorbei waren, fühlte ich mich nun wie ein Verräter. Wie ein Verräter, den ich vorher abgrundtief gehasst hätte. Ich konnte nicht mehr, ich konnte nicht mehr die Worte, die aus meinem Mund kamen, kontrollieren. Ich hatte keine Macht mehr über das was ich sagte und so hörte dieser Vernehmer sehr genau zu, denn das war es was er die ganzen sieben Monate über erreichen wollte. Ich sollte zumindest psychisch völlig zusammenbrechen. Das hatte dieses Stasischwein nun leider erreicht. Mich plagen bis heute Schuldgefühle. Wenn ich davon erzähle, höre ich fast immer, dass ich daran keine Schuld habe, aber dieses Schuldgefühl nagt und frisst trotzdem in mir weiter.

Ich glaubte nicht, wie mich diese psychische Folter in den letzten sieben Monaten kaputt gemacht hatte. War ich denn wirklich so ein schlimmer Verräter, dass mich nun alle genauso abgrundtief hassen würden?

Was kam nun, da die Stasi alle Informationen hatte, die sie wollte? Würde man meine liebe Heike weiter so behandeln? Würde ich sie je wiedersehen? Wie ging es nun weiter? All diese Fragen ließen mich auch an diesem Abend keinen Schlaf finden. So lag ich wach, aber in vorgeschriebener Schlafhaltung. Auf diese Art blieb mir wenigstens das Kommando „Schlafhaltung einnehmen!" erspart. Wer sollte mich jetzt anschreien? Ich lag korrekt.

An den nächsten zwei Tagen gab es keine Vernehmungen mehr. Wollte dieser eifrige Vernehmer nun nichts mehr mit mir zu tun haben oder war ich ihm egal, jetzt, da er all die Informationen hatte, auf die er die letzten Monate so sehr gewartet hatte?

Seit ich dem Vernehmer alles gesagt hatte, kam gar keine Vernehmung mehr. Ich hatte auch keine Freistunden mehr. Ich hätte jetzt einen kräftigen Regen oder einen Graupelregen mit Hagelkörnern sehr gern gehabt. So richtig patschnass und mit Schmerzen überall an meinem Rest von Körper wären gut gewesen. Aber dazu kam es nicht. Dass mein Messer zu stumpf war, um meinem Scheissleben ein Ende zu bereiten wusste ich schon. Nicht einmal in diesen Tigerkäfig wurde ich geschlossen, um meine Runden zu drehen. Denn Stehenbleiben, Anlehnen an der Wand oder hinsetzen waren verboten. Als ich diesem Gedanken noch ein wenig nachging, öffnete sich meine Zellentür. Nun bekam ich das Kommando: „101, Kommen Sie!", und ich glaubte, es würde nun wieder zu einer Vernehmung gehen, aber ich sollte mich irren.

Ich wurde zu dem Barkas B1000 gebracht. Dem gleichen, mit dem ich auch hierhergebracht worden war, wo auch immer hier war. Die Türen wurden geschlossen, dann dauerte es noch einen Moment und die Fahrt ging los. Wir fuhren lange, keine Ahnung, wie viel Zeit verging, bis wir am Ziel angelangt waren. Ich wurde aus dem Auto hinaus in eine Kellerzelle geführt und wartete dort noch einmal eine lange

Zeit. Nun brachte man mich in einen Gerichtssaal und die Gerichtsverhandlung fing an.

,Gerichtsverhandlung' ist falsch, denn dies war eine Farce. Es wurde mir vorgeworfen, dass ich mich der versuchten Republikflucht und der staatsfeindlichen Hetze schuldig gemacht hatte. Das war strafbar gemäß § 213 und 106 StGB der DDR. Darin stand unter anderem:

Ungesetzlicher Grenzübertritt

Nach § 213 Absatz 1 StGB-DDR vom 12. Januar 1968 war der Grundtatbestand des Ungesetzlichen Grenzübertritts im Höchstmaß mit einer Freiheitsstrafe von zwei Jahren strafbewehrt. In der Rechtspraxis wurde jedoch häufig ein „schwerer Fall" gemäß Absatz 2 angenommen, die Höchststrafe betrug dann fünf Jahre Freiheitsstrafe. Durch das Gesetz vom 28. Juni 1979 wurde der § 213 neugefasst, der nunmehr in Absatz 3 geregelte „schwere Fall" sah ab diesem Zeitpunkt eine Höchststrafe von acht Jahren Freiheitsstrafe vor.

Dieser Straftatbestand verstieß gegen die Schlussakte von Helsinki. Aber das störte keinen.

Staatsfeindliche Hetze

Im § 106 Absatz 1-3 heißt es unter anderem:

Wer die verfassungsmäßigen Grundlagen der sozialistischen Staats- und Gesellschaftsordnung der Deutschen Demokratischen Republik angreift oder gegen sie aufwiegelt, indem er die Freundschafts- und Bündnisbeziehungen der Deutschen

75

Demokratischen Republik diskriminiert oder Wider-
stand gegen die sozialistische Staats- und Gesell-
schaftsordnung leistet, wird mit Freiheitsstrafe von
einem bis zu acht Jahren bestraft.
Quelle: Wikipedia

Ich hatte schließlich nachgefragt, warum dieses Land Deutsche DEMOKRATISCHE Republik heiße, da ich wissen wollte, wo denn die „Demokratie" in diesem Land sei. Außerdem hatte ich versucht, aus dem Großen Gefängnis DDR wegzukommen.

Verhandlung vor dem Stadtbezirksgericht

Daher wurde ich an diesem Tag „Im Namen des Volkes" zu vier Jahren Freiheitsentzug bestraft. Dass dieses Urteil bei einer solchen Farce unter Ausschluss des Volkes und auch ohne wirklichen Rechtsbeistand durchgeführt wurde, brauche ich hier nicht zu erwähnen.

Anschließend wurde ich aus dem Gerichtssaal hinaus wieder in die Kellerzelle geführt. Abgeführt in Handschellen und einer Knebelkette um das linke Handgelenk. Der Schließer, der mich hier durch das Gerichtsgebäude führte, wollte wohl sicher sein, dass ich ihm nichts tue oder womöglich zu flüchten versuche. Er brachte mich in eine andere Zelle im Keller. Aber hier war es noch stickiger, noch enger, noch vergitterter und noch dunkler.

Dort wartete ich wieder einige Zeit, bis sich die Zellentür öffnete. Hier sagte der Schließer nicht:

„101, kommen Sie", stattdessen hieß es: „Raustreten." Der Schließer war auch nicht von der Stasi, sondern von der Volkspolizei (Strafvollzug). Also trat ich aus meiner Zelle heraus und wurde zu dem Fahrzeug geführt, welches mich hierhergebracht hatte. Diesmal wurde gleich der Motor angemacht und die Fahrt ging los. Ich weiß nicht, warum, aber diese Fahrt kam mir sehr viel länger vor. Schließlich kamen wir dennoch in demselben Gefängnis an, von dem aus man mich zu dem Gerichtsgebäude gefahren hatte.

Hier bekam ich nun erneut das Kommando: „Raus!" Als wir im Gang waren, musste ich wieder den Kopf und den Blick senken und meine Hände auf den Rücken legen. Ich wurde wieder in meiner Zelle 101 eingeschlossen.

An diesem Tag passierte nichts mehr. So lag ich erneut wach und dachte darüber nach, wie es nun wohl weitergehen würde. Das sollte ich bald erfahren. Das Urteil tangierte mich nicht halb so sehr, wie die Sorgen, die ich mir um meine liebe Heike machte. Sie war jetzt im Mittelpunkt all meiner Gedanken.

Ich betete zu Gott, dass er das gerechte Urteil über die Stasischweine, die meiner lieben Heike dies angetan hatten, zur Verantwortung gezogen werden und dass ich eines Tages mein Sternenäuglein wiedersehen darf um mit ihr über all das zu sprechen. Mein Gebet wurde erhört und mehr darüber finden Sie auch in meinem Buch „Wertvolle Freiheit".

Nach weiteren zwei Tagen, die sich nicht unbedingt dadurch verkürzten, dass ich zum Nichtstun verdammt war, tat sich mal wieder etwas. Wenn dies nicht eines der schlimmsten und unmenschlichsten Gefängnisse war, hätte ich glauben können, dass ich hier schlichtweg vergessen worden war. Nur, dass es drei ‚Mahlzeiten' am Tag gab, sagte mir, dass ich nicht vergessen worden war.

Dann kam der Schließer und holte mich aus der Zelle. Es ging aber nicht wie sonst rechts-, sondern wieder linksherum. Genau in die gleiche Richtung, in die ich auch gegangen war, als die Stasi mich zu dieser Gerichtsverhandlung gefahren hatte. Was war denn nun geschehen? Wo wollte dieser Schließer mit mir hin? Das war genau der Weg, den ich damals gegangen war, als ich in diesem Gefängnis, wo auch immer es sich befand, angekommen war. Über ein halbes Jahr war das nun her. Um genauer zu sein, sieben Monate.

Sieben Monate in diesem schrecklichen Gefängnis.

Sieben Monate, die zäh wie eine klebrige Masse waren.

Sieben Monate der völligen Ungewissheit.

Sieben Monate der völligen Desillusionierung und Desorientierung.

Sieben Monate meines noch so jungen Lebens.

Aber das schlimmste war: sieben Monate ohne meine liebe Heike. Und dann ihre markerschütternden Schreie vor ein paar Tagen, das Foto, auf dem ihr liebliches Gesicht über und über mit Blut verschmiert gewesen war, ohne diese funkelnden kleinen Sterne unter ihren Augenbrauen.

Das Leid, die Schmerzen, der Ekel, die Pein kann ich nur versuchen nachzuempfinden. Auch ich bin drei Jahre lang sexuell missbraucht worden. Dies geschah aber in einem ganz anderen Zusammenhang. Was mich jetzt schmerzt ist die Ohnmacht. Ich konnte sie nicht schützen, ich konnte nicht an ihrer Seite sein, ich konnte es nicht verhindern. Aber ich fühle mich schuldig an den Vergewaltigungen, die meine liebe Heike mit ihrer zarten Seele über sich hatte ergehen lassen, müssen.

Die Untersuchungshaftzeit ging ihrem Ende entgegen. Das spürte ich. Die Vernehmungen wurden seltener, das Essen kam, aber es war ziemlich egal und die lauten Rufe: „Schlafhaltung einnehmen", „101, kommen Sie", „101, treten sie zurück in der Zelle", „101, raustreten" und noch viele mehr wurden gefühlt seltener. Gefühlt? Hatte ich noch so etwas wie Gefühl? Ich wusste es nicht mehr. Zuviel war hier geschehen. Ich hatte noch immer die Bilder von Heike in meinem Kopf und ob ich diese je wieder loswerden würde, wusste ich auch nicht. Weg hier, nur weg hier das wollte ich.

Schlimmer als es hier war, konnte es an keinem anderen Ort in dem großen Gefängnis mit Namen „DDR" sein, da war ich mir sicher. Wie oft wurde es am Morgen hell und ich musste diese Helligkeit ertragen, bis es endlich dunkel wurde und die Nacht begann. Wie oft habe ich nachts versucht zu schlafen, sogar in Schlafhaltung und ich konnte nicht schlafen. Klopfgeräusche an der Zellenwand, Bilder, die mir durch den Kopf schossen, Gedanken, die nicht klar wurden, Gerüche, die ich bis heute in meiner Nase habe, lautes Weinen, lautes kurzes Schreien. Lautes

Lachen, das unheimlich klang. All das wollte ich nicht mehr. Also weg hier, raus und weg. Wohin? Keine Ahnung, ich wusste ja auch nicht, wo ich hier war. Mir war alles egal. Und so kam der Tag, an dem ich aus meiner Zelle herausgeholt wurde.

Dieses Mal ging es linksherum aus meiner Zelle heraus. An der Stahltür, die mir damals die Sicht versperrt hatte vorbei. Dieses Mal brauchte ich mich nicht mit dem Gesicht zur Wand drehen und meine Hände auf den Rücken legen. Nein, dieses Mal war die Tür offen und ich ging bis an die Treppe. Die Stufen hinunter und unten öffnete mir diese Stasischerge die Tür. Also ging ich auch hier hindurch. Nun stand ich wieder in diesem Raum, in dem ich vor lauter Licht kaum etwas sehen konnte. Der Barkas stand da und auf dem Barkas stand dieses Mal: „Esst mehr Fisch". Was für eine Ironie. Aber für einen Hering war ich trotzdem noch nicht dünn genug. Mein Sarkasmus kam wieder durch. Als erstes kam das Kommando: „Einsteigen". Ja, völlig ohne meinen Namen: „101". Ich stieg ein. Jetzt war ich in die erste Zelle auf der rechten Seite des Laderaums geschoben worden. Kaum war ich drin, wurde die Tür verschlossen. Ich saß drin und dachte das es jetzt losgehen oder besser fahren würde. Aber Nein, der Barkas blieb stehen. Ich hatte keine Ahnung wie lange wir hier so standen. Irgendwann kam noch ein Häftling. Ihn schob man in die hintere Zelle auf der linken Seite der Ladefläche und dann rollte der Barkas los. Wir fuhren eine halbe Ewigkeit. Die vielen Stopps, wahrscheinlich an irgendwelchen Ampeln habe ich

nicht mehr gezählt, wie auf der Herfahrt. Linksherum, rechtsherum, geradeaus, im Kreis, ein paar
Kopfsteinpflasterstraßen entlang, dann wieder ganz
normal mit dem üblichen Federn der Räder im As-
phaltstreifen zwischen den Betonplatten und irgendwann hielten wir. Es dauerte nicht lange und ein
schweres großes Tor bewegte sich. Wir fuhren noch
ein Stück und dann hielten wir wieder an. Beim Aussteigen wunderte ich mich. Ich wurde von Strafvoll-
zugsmitarbeitern aus dem Barkas geholt, musste
warten, bis der zweite Häftling auch draußen war.
Wir waren beide in dem gleichen Stasigefängnis, hatten uns aber nie zuvor gesehen. Das war so gewollt.
Jedenfalls bei der Stasi. Und es sollte noch bis 1994
dauern, bevor ich erfuhr in welchem Stasigefängnis
ich war.

Es war die zentrale Untersuchungshaftanstalt der
Stasi in Berlin – Hohenschönhausen. Das las ich in
meiner dicken Akte der Stasi, als ich 1994 erstmalig
dort hineinschaute. Was mich da erwartete finden Sie
in meinem Buch: „Wertvolle Freiheit". In ihm habe
ich auch etwas über meine Haftzeit geschrieben,
aber nicht so ausführlich wie hier.

Untersuchungshaftanstalt Berlin-Rummels-
burg

Hier schien alles anders zu sein. Wir wurden durch
mehrere Gänge gebracht und kamen dann in eine
große Zelle, in der schon mehrere Häftlinge waren.
Von ihnen erfuhren wir auch, dass wir hier in Berlin-

Rummelsburg waren. Einer Einrichtung in der kriminelle Häftlinge eingesperrt waren. Das wusste ich schon vorher. Wir überlegten was hier passieren soll. Einer der Kriminellen sagte uns, dass wir jetzt alle auf Transport gingen. Er müsse nach Dresden, denn von dort sei er nur wegen einer Gerichtsverhandlung, die wohl noch ausstand, hierhergebracht worden. Jetzt hätte er noch weitere zwei Jahre abzusitzen, meinte er. So konnten oder mussten wir davon ausgehen, dass auch wir in Richtung Dresden fahren würden.

Ich stellte mir vor, wie viele Fahrzeuge vom Typ „Barkas B 1000" das wohl sein müssten, die gebraucht wurden, um uns alle zu transportieren. Auf einmal meinte einer, dass wir dann bestimmt mit der großen Minna – einem Lkw „W50" – zum Berliner Ostbahnhof gebracht würden. „Oh", sagte ich „dann war der „Barkas B1000" also die kleine Minna". „Richtig" meinte einer der kriminellen Häftlinge hier. Wir waren insgesamt über 20 Männer hier in dieser Zelle. Wirklich viel Platz würden wir auch in dem Lkw nicht haben, aber was war das schon gegen all die Schmerzen, die ich hinter mir hatte.

Hatte ich sie hinter mir, oder würden noch größere auf mich warten? Mir war das egal. Ich wollte weg.

Von daher konnte es von hier ab nur anders werden. Besser würde es sicher nicht, denn was war an einem Gefängnis schon besser. Schließlich hatte ich nichts verbrochen. Ich wollte doch nur flüchten und ich wollte wissen, was in diesem System so demokratisch war, dass es im Namen dieses Systems auftauchte.

Es gab keine Antwort für mich und flüchten konnte ich jetzt auch nicht mehr. Ich dachte wieder einmal an meine liebe Heike, von der ich nicht wusste, ob sie überhaupt noch am Leben war. Nichts wusste ich, nicht einmal wo ich hergekommen war. Der andere Mann, etwa so alt wie ich, wusste es auch nicht. Denn das hatte ich ihn schon gefragt.

Wir alle wurden aus dieser Zelle herausgeholt und stiegen nacheinander in mehrere große Minnas ein. Die Fahrt dauerte nicht sehr lange und am Ende waren wir tatsächlich am Berliner Ostbahnhof.

Aus meiner Zeit als Triebfahrzeugführer bei der Berliner S-Bahn kannte ich so manche Ecke dieses Bahnhofs, die nicht unbedingt jeder kannte. Ich hoffte inständig, dass irgendjemand bekanntes mir oder besser uns entgegenkam. Dieser jemand hätte dann Heike davon erzählen können, damit sie – falls sie noch lebte – wusste das auch ich am Leben war und man mich nicht bei meinem Fluchtversuch erschossen hatte. Aber so sehr ich auch hoffte, so wenig Erfüllte sich mein Wunsch. Uns begegneten zwar einige Leute, aber für die schienen wir der letzte Dreck zu sein. Schließlich waren wir jeweils zu zweit mit einer Handschelle aneinandergefesselt und so konnten wir doch nur die größten Verbrecher sein. Ich fühlte mich schrecklich.

Wie oft war ich auf diesem Bahnhof? Wie oft hatte ich mir hier einen Kaffee bringen lassen, wenn ich in Richtung Ostkreuz von hier wegfuhr? Wie oft sind wir von hier aus in den Urlaub gefahren? Wie oft hatte ich mich hier innigst von meiner Jugendliebe Heike verabschiedet? Wie oft lagen wir uns in den Armen und konnten nicht voneinander lassen? Wir genossen die Streicheleinheiten und Liebkosungen. Wird sich das jemals wiederholen? Schöne Gedanken die viel zu schnell verflogen waren.

Wie oft, war ich einem Kollegen entgegengefahren, damit dieser früher Feierabend hatte? Wie oft hatte ich hier vor meinem Dienst noch schnell einen Kaffee getrunken, bevor ich einen Zug übernahm?

Das alles würde wohl zumindest für lange Zeit nicht mehr möglich sein. Schließlich hatte man mich zu vier Jahren Freiheitsentzug verurteilt. Das sogar im Namen des Volkes wie es offiziell hieß. Damals im Gericht habe ich gesagt: *Ja klar, im Namen des Volkes: unter Ausschluss des Volkes. Macht mal die Türen und Fenster auf und lasst RECHT, GERECHTIGKEIT und frische Luft hier hinein.*

Wir liefen bis zum Bahnsteig „D", an dem der Zug stand, in den wir einstiegen. So einen seltsamen Wagon hatte ich zuvor nur einmal gesehen. Damals saß ich im Dienstabteil der „Reserve Osb", hatte meine Füße hochgelegt und hörte mit meinem „Stern-Radio" Musik. Bei mir lief „RIAS Berlin." Das war verboten, egal welchen Sender man hörte.

„Reserve Osb" war ein S-Bahnzug, der in der Kehre nahe dem Ostbahnhof stand. Er hieß „Reserve Ostbahnhof". Diesen Zug hatte ich die ganze Nacht. Damals fuhr ein D-Zug, so hießen die Züge damals in der DDR, mit einem solchen Wagon an meiner S-Bahn vorbei. Wissen Sie, was ich damals dachte? Richtig, ich dachte, dass es Zeit wurde, dass man die

Betrüger und Diebe endlich einsperrte. Das darin auch normale Menschen waren, hatte ich nicht geahnt. Am liebsten würde ich für diese Gedanken um Verzeihung bitten.

Tja, und nun saß ich jetzt hier drinnen. Hier, im Grotewohlexpress, der offiziell „Gefangenensammeltransportwagen der Deutschen Reichsbahn" hieß. Ein Sammeltransport waren wir hier sicher. Mit der Deutschen Reichsbahn fuhren wir hier auch. Aber Grotewohlexpress?! Was hieß das? Die Erklärung sollte ich bald bekommen.

Otto Grotewohl war ein Minister in der DDR. Aus Grotewohl hatte man für diesen Wagen „Geradewohl" gemacht. Wir fuhren also ins „Geradewohl", ohne zu wissen, wo wir wieder aussteigen würden. Express kam daher, da dieser spezielle Wagon der Reichsbahn sehr schnell unterwegs war, wenn man seinen Sarkasmus und seine Ironie nicht verloren hatte. Wie wichtig dieser Sarkasmus und die Ironie noch sein sollte, würde ich auch noch erfahren.

Ja, und Sie, liebe Leser noch in diesem Buch lesen.

Wir hatten es tatsächlich geschafft binnen 5 ½ Stunden vom Berliner Ostbahnhof zum Bahnhof Cottbus zu gelangen. Das war schon sehr schnell. In Cottbus angekommen, bekamen wir wieder zu zweit jeweils eine Handschelle dran und dann gingen wir, immer zwei nebeneinander, in mehreren Reihen über den Bahnsteig. Hier schien der Berufsverkehr gerade im Beginn zu sein, denn es wurden immer mehr Menschen, die uns entgegenkamen. Die verachtenden Blicke, die ich hier sah, hätten am liebsten jeden von uns umgebracht. Diese Leute schienen zu denken, dass jeder von uns ein ganz schlimmer Verbrecher war. Dem war, weiß Gott, nicht so. Ich hatte doch gehofft, dass alles, was kommen würde, besser sei als in diesem Stasigefängnis, in dem ich war. Ob dies geschehen würde und wie es weiterging mit mir, lesen Sie in den nächsten Kapiteln.

Ankommen im Zuchthaus Cottbus

Nach einer relativ kurzen Fahrt sind wir an einem großen Tor angekommen, welches scheinbar sehr schwer war. Es dröhnte ziemlich laut beim langsamen Öffnen. Wir fuhren hindurch und hielten gleich wieder. Dann ging dieses Tor wieder zu. Jetzt wurde die Tür geöffnet und wir sollten aussteigen. Wieder kamen keine übermäßig laut gesprochenen Kommandos. Als wir draußen, also außerhalb der großen Minna waren, wurden wir durch ein anderes Tor geführt und es ging direkt in ein Haus. Dieses Haus war der Zugang und hier sollten wir die nächsten Wochen verbringen. Wie lange ich hier im Zugang sein sollte und was mich hier erwarten würde, wusste ich nicht.

Ich hatte lediglich eine Vorstellung davon, was „Zugang" zu bedeuten hatte. Meine Idee war, dass wir, also auch ich zu den Neuen zählten und für uns extra eine Abteilung geschaffen wurde.

Es gab hier mehrere Zellen in denen jeweils 24 Betten standen. Diese teilten sich in 8x3 Betten auf. In unserer Zelle standen 2x3 Betten an der Wand, 4x3 Betten in der Mitte und 2x3 Betten am Fenster.

Es waren immer drei Betten übereinander. Mein Bett war ganz oben an der Wand, gleich neben der Zellentür. Jetzt hieß es den Schrank einzuräumen und mein Bett zu machen. Für beides gab es eine exakte Ordnung, die strikt einzuhalten war.

Meine Sachen sortierte ich in den Schrank, so wie ich es im danebenstehenden gesehen hatte. Es dauerte so seine Zeit, denn die Unterwäsche und auch die Hemden mussten genau auf Kante liegen und Falten durften auch nicht (zu sehen) sein. Der Zahnbecher, die Rasierseife, der Rasierer und die dazugehörigen Klingen stellte und legte ich an ihren Platz. Dass die Klingen nicht zum Rasieren, sondern eher zum Schneiden geeignet waren, sollte ich bald feststellen.

Jetzt fing ich an mein Bett zu machen. Das war hier gar nicht so einfach, denn ich stand auf dem Rand, des Bettes unter mir. Durfte aber beim Hin- und Hergehen nicht auf die Matratze dieses Bettes treten, denn dann hätte ich in das Laken Falten gemacht, die sofort zu sehen gewesen wären. Also war ich sehr vorsichtig, was den Zeitbedarf wachsen ließ.

Heute hatte ich zehn Minuten, um meinen Schrank einzuräumen und mein Bett zu machen. Das würde ab morgen früh nicht mehr so sein. Da hatte das alles viel schneller zu gehen. Als ich halb fertig war, kam ein anderer Mithäftling unserer Zelle, fasste oben an meinen Schrank an und zog ihn nach unten. So fiel alles, was ich vorher eingeräumt hatte, heraus. Ich machte jedoch zunächst mein Bett fertig. Ich legte zum Schluss die Decke, mit der geschlossenen Seite nach vorn. Die blauen Karos mussten in einer

Reihe und Falten durften auch hier nicht sein. Als ich glaubte fertig zu sein, kletterte ich wieder nach unten und sammelte alles vom Boden auf.

Dabei stieß mich einer der anderen Häftlinge und ich fiel mit meinem Kopf in Richtung Schrank. „Du wirst noch viel lernen müssen" meinte dieser Häftling. Als ich wieder aufgestanden war, fing ich erneut an meinen Schrank wieder einzuräumen. Dieses Mal beeilte ich mich schon, da ich ja wusste, dass ab Morgen nicht mehr so viel Zeit sein würde. In der Zeit, in der ich meinen Schrank einräumte, zog ein anderer Häftling mein Bett wieder ab und warf alles an die Erde. Einige der Mithäftlinge fingen an zu lachen.

Ich lachte nicht, sondern wurde wütend, konnte meine Wut aber nicht ausdrücken, sondern schluckte sie herunter. Das unvorsichtige Bücken nach meinem Bettzeug unterließ ich jetzt absichtlich. Es war gut vorsichtig zu sein, denn die anderen Häftlinge waren scheinbar schon längere Zeit hier zusammen. Der andere politische Häftling und ich waren hier die einzigen, die neu waren und nichts Kriminelles getan hatten.

Diese Hierarchie zu erkennen war das eine, an ihr kaputt zu gehen, verletzt zu werden oder mit Gewalt gegen sie anzutreten das andere. Ich entschied mich zunächst dafür, diese zu erkennen. Offensichtlich gab es hier also etwas, das ich erst „verstehen" musste. Ob ich das überhaupt verstehen wollte, da war ich mir gar nicht so sicher, denn schließlich war auch er nur ein Häftling, wenn auch kein Haftkamerad. Zu denen zähle ich nur Insassen, die aus politischen Gründen in einem Zuchthaus eingesperrt waren.

Wer etwas Kriminelles getan hatte, der befand sich aus meiner Sicht hier an der richtigen Stelle. Wer aber hier eingesperrt war, weil er fliehen wollte, oder einfach nur seine Meinung gesagt hatte, der dürfte in meinen Augen nicht hier sein. Aber meine Augen sahen das große Gefängnis DDR ja auch nur aus meiner Perspektive.

Der erste Abend

Der erste Abend hier war schrecklich. Zunächst gab es Abendessen und mit ihm die Brotration auch gleich noch für den nächsten Morgen. Dazu ein wenig Margarine, etwas Leberwurst und etwas Rotwurst. Ich hatte mein Besteck aus Aluminium, zumindest kein Plastik mehr, wie vorher in dem Stasigefängnis. Aber zum Brotschneiden war das Messer auch nicht das geeignete. Egal, dann wurden die Stullen eben krumm und schief. Irgendwann werde ich das schon hinbekommen, die Stullen gerade zu schneiden. Auch hier gab es zum Satt werden zu wenig und zum Verhungern zu viel. Das schien wohl überall so zu sein. Als Getränk hatten wir Kräutertee aus der Kanne für alle 24 Häftlinge in unserer Zelle. Aber immerhin gab es hier Teller, eine Tasse für jeden und die Brotscheiben waren auch noch nicht fertig belegt. Geschmeckt hat weder der Tee noch die Brotscheiben, aber was anderes erwartet hatte ich wiederum auch nicht.

Die Zeit beim Essen verging gefühlt sehr schnell. Es dauerte nicht lange, und wir mussten uns alle draußen auf dem Flur anstellen. Immer zwei hinter- und zwölf nebeneinander. Das war bei jeder Zelle so. Nun kam die Zählung. Wir wurden tatsächlich alle gezählt und das nicht nur heute, sondern ab sofort jeden Abend. Wie hätte hier einer fehlen sollen? Wir kamen doch hier nicht raus. Arbeiten durften wir noch nicht, das würde erst beginnen, wenn wir in die Arbeitskommandos eingeteilt waren. Dann würden wir aber auch nicht mehr hier im Zugang sein. Nach der Zählung ging es zunächst wieder in unsere Zelle.

Um 19.30 Uhr hatten wir alle im Fernsehraum zu sein. Denn es begann die Pflichtsendung: „Aktuelle Kamera" für uns. Wer sich da nicht beeilte, um pünktlich zu sein, der bekam schon mal den Gummiknüppel zu spüren. Wie oft ich diesen zu spüren hatte, weiß ich heute nicht mehr. Aber allein, weil ich nicht pünktlich im Fernsehraum war, waren es etliche Male. Wenn mir dies passiert war, dann durfte auch die ganze Zelle abends kein Fernsehen mehr anschauen. Dadurch bekam ich dann noch die eine oder andere zusätzliche Strafe von meinen Mithäftlingen.

Denn auch wenn natürlich nur das DDR-Fernsehen angeschaut werden durfte, war dies doch auch mal ein wenig Abwechslung im Alltag. „Polizeiruf 110" war jedoch auch nicht gestattet. „Der schwarze Kanal" war auch kein Pflichtfernsehen aber zur „Rotlichtbestrahlung" reichte die „Aktuelle Kamera" auch völlig aus. Nachdem die „Aktuelle Kamera" vorbei war, war es der Zeitpunkt, an dem alle Häftlinge aus unserer Zelle den Fernsehraum verlassen und zurück in unsere Zelle mussten. Dies nur, weil ich zu spät im Fernsehraum angekommen war. Was sollte ich machen, ich musste nur mal zur Toilette. Warum auch immer konnte ich mir hier den Gang zur Toilette nicht mehr stundenlang, wie in der Gummizelle im Stasigefängnis, verkneifen. Ein paar Minuten schon, aber mehrere Stunden ging das nicht.

Kaum hier angekommen, schubsten mich zwei der Mithäftlinge gegen meinen Schrank. Es war ein Schrank mit einer Stahltür. Ich stieß mit meinem Kopf gegen diesen Schrank, fiel und lag an der Erde. Als ich dabei war, wieder aufzustehen, zogen mir die beiden meine Füße weg, und ich fiel erneut. Aber dieses Mal mit dem Gesicht auf den Zellenboden. Der war aus Stein und sehr hart. Meine Nase begann zu bluten. Also ging ich in den Waschraum.

Hier gab es drei Toiletten, drei Duschen und vier Waschbecken. Die Duschen und die Toiletten hatten natürlich keinerlei Abtrennung. Intimsphäre war also auch hier nicht gegeben. Ich hatte gerade angefangen das Blut zum Stehen zu bekommen, da rief einer der anderen Häftlinge: „Achtung!" Das war der Moment, in dem einer der Schließer die Zelle betreten hatte. Alle hatten sich sofort an der Fensterseite in Zweierreihe aufzustellen. Ich riss schnell etwas von dem harten Toilettenpapier ab – anderes gab es nicht – und trocknete meine Nase. Zeitgleich lief ich wieder in die Zelle, die hier von den Schließern und den anderen Bediensteten als *Verwahrraum* bezeichnet wurde. Ich wollte mich entschuldigen, der Schließer aber ließ mich gar nicht zu Wort kommen. Er sagte nur: „Strafgefangener Keil, kommen Sie mit." Aha, dachte ich, hier hatte ich wieder meinen Namen und war nicht nur eine Nummer. Hätte ich geahnt, was jetzt passieren sollte, wäre ich lieber noch mehr geschlagen oder getreten worden von den anderen Mithäftlingen.

Der Obermeister, das war sein Dienstgrad bei der Volkspolizei, ging mit mir in eine andere Zelle. Er schloss die Tür von innen ab, und nahm seinen Schlagstock in die Hand. „Mir ist hier jeder lieber als Strafgefangene wie Sie. Schade, dass Sie damals keiner erschossen hat, als Sie flüchten wollten! Schade auch, dass jemand wie Sie hier auch noch etwas zu essen und zu trinken bekommt! Aber auch das wird vorbeigehen, schließlich haben wir hier das Sagen" fuhr er fort. „Drehen Sie sich um und legen die Hände an die Wand. Beine auseinander" brüllte er los. Dann schlug er zu. Zuerst in mein Genick, dann mehrmals auf den Rücken und auch zwischen meine Beine. Dabei traf er auch meine Genitalien. „Sie werden schon noch lernen, dass der Sozialismus mit solchen Elementen wie Ihnen umgehen kann!" Als letztes trat er kräftig in meine linke Kniekehle und ich sackte völlig zusammen. „Stehen Sie auf, Strafgefangener Keil!

Nur damit das klar ist, hier und auch in der Zelle vorhin ist Ihnen nichts passiert" sprach er weiter. Er schloss die Zelle wieder auf und dann brüllte er mich an, dass ich endlich wieder aufstehen sollte. Das tat ich unter starken Schmerzen auch. Als ich wieder die Zelle betrat, hatten einige ein ekliges breites Grinsen im Gesicht. Nur der Haftkamerad, mit dem ich auch in dem Stasigefängnis zusammen war, ohne dass wir uns dort jemals gesehen hätten, nicht. Er schaute mich an. Sein Blick und seine Mimik verrieten mir, dass er mir zwar gerne helfen wollte, aber nicht wusste wie. Jedenfalls nicht ohne selbst von den Schikanen der anderen ebenso betroffen zu sein. Ich kletterte in mein Bett und kam erst wieder herunter als die Nachtruhe beginnen sollte. Die physischen Schmerzen waren noch nicht weg, von seinen Schlägen auf meinen Rücken und in meine Genitalien. Nur mein Genick schmerzte nicht mehr so doll.

Die erste Nacht

Die erste Nacht an einem unangenehmen Ort hatten Sie sicher alle irgendwann schon einmal.

Für mich sollte dies die erste Nacht an einem weiteren unangenehmen Ort werden. Nicht nur, weil ich im Gefängnis bin, sondern auch weiteres sollte sich in dieser Nacht ereignen. Aber ich fange mal beim Abend an.

Ich war von der dritten Etage, in der sich mein Bett befand, wieder heruntergeklettert und begann mich auszuziehen. Das war sehr unangenehm. Irgendwie hatte ich das Gefühl, mich würden alle anstarren. Waren sie etwa erstaunt über das Aussehen meines Rückens? Denn dort waren sicherlich einige blaue Flecken zu sehen. Oder waren sie verwundert darüber, dass ich starke Schmerzen in meinem Schritt hatte, falls das zu bemerken war?

Und ich war in den letzten sieben Monaten immer allein in meiner 3x8 Schritte großen Zelle. Mit anderen Worten: Ich war es überhaupt nicht mehr gewohnt nicht allein zu sein.

Daran sollte sich auch jetzt nichts ändern, wenn es nach mir ginge. Nach mir würde es hier wohl eher nicht gehen. Von daher war ich zufrieden, dass ich es bis ins Bad geschafft hatte. Hier angekommen putzte ich mir die Zähne, mit einer Zahncreme, die man auch zum Boden reinigen hätte benutzen können. Das Zeug hatte einen ekelhaften Geschmack. Aber was solls. Ich drehte das Wasser auf und sofort stand ein anderer Häftling neben mir und sagte: „Jetzt sind wir erstmal dran. Schließlich sind wir schon länger hier als ihr zwei." Den Mund konnte ich mir wenigstens noch mit warmem Wasser ausspülen. Das war für mich eine neue Erfahrung. Schließlich kannte ich das aus dem Stasigefängnis völlig anders. Da gab es nur kaltes Wasser, egal welchen Hahn ich aufdrehte. Und die Dusche, welche ich je Woche einmal benutzen durfte, war auch selten warm.

Als die anderen fertig waren, nahm ich meinen Schlafanzug und meine Waschtasche und ging wieder ins Bad. Ich zog mir wieder meine Unterwäsche aus und ich wollte meine Schlafsachen zur Seite legen, aber die riss mir der andere aus der Hand, warf sie an den Boden und drehte die Dusche auf.

Nun war mein Schlafanzug nass. Wie sollte ich nachher in mein Bett gehen, oder besser klettern?

Mein Bett war schließlich in der dritten Etage. Aber auch das war egal. Ich wrang meinen Schlafanzug so gut ich konnte aus und packte ihn auf die Heizung im Bad. So könne er trocknen, dachte ich mir und war mit meiner Unterwäsche ins Bett geklettert. Ich war kaputt und müde, aber schlafen konnte ich nicht. Jedes Bett hatte einen Federboden. Also es sah aus, als wenn viele Metallfedern die vier Außenkanten verbanden. Jeweils mehrere vom Kopf- zum Fußende und von der einen zur anderen Seite.

Der Mithäftling unter mir, wartete, bis ich lag und am Einschlafen war. Wie gewohnt lag ich in vorgeschriebener Schlafhaltung, auf dem Rücken und die Hände oberhalb der Zudecke. Mit dem Gesicht zur Zellendecke. Der Zwischenraum bis zu unserer 2,50 Meter hohen Zelle war jedoch nicht sehr groß. Mit einem Mal trat er kräftig gegen diese Federn und ich wäre beinahe aus meinem Bett gefallen, denn mit so etwas hatte ich nicht gerechnet. Das passierte an diesem Abend noch zwei Mal. Dann ging ich runter, setzte mich an einen Tisch, legte meinen Kopf auf die Tischplatte und schlief tatsächlich ein. Es dauerte aber nicht lang, denn es war noch dunkel draußen, da zog jemand den Tisch weg. Ich sackte zusammen und danach kam ich wieder hoch. Es war mir egal wie spät es war. Es war mir egal, ob die anderen gerade schliefen. Es war mir egal, ob ich diesen Mithäftling verletzen würde.

Ich nahm ihn am Schlafittchen und zog ihn hinter mir her. So ging ich ins Bad, hielt ihn an meinem langen Arm mit meiner Faust fest. Ich schob ihn unter die Dusche und drehte den Wasserhahn auf. Natürlich mit kaltem Wasser. Ich hielt ihn so lange darunter fest, bis er völlig durchnässt war. Es war mir egal, wie er jetzt schlafen sollte, denn ihm war es ja offensichtlich auch gleich, ob ich aus dem Bett gefallen wäre. Nachdem er richtig durchnässt war, warf ich ihn an den Boden und dort ließ ich ihn liegen. Danach kletterte ich wieder in mein Bett und ich hatte Ruhe bis zum nächsten Tag.

Als am nächsten Morgen „Nachtruhe beenden" über den Flur schallte, habe ich zunächst überlegt, wo ich gerade bin. Solche lauten Kommandos kannte ich zu der Zeit nur von meiner Zeit als Bausoldat bei der NVA und aus dem Stasigefängnis, aus dem ich hierhergekommen war. Nun dachte ich würden alle in der Zelle aufstehen und nach und nach sich im Bad fertig machen. Ich hatte tatsächlich keine Ahnung das wurde mir jetzt sehr deutlich.

Zunächst gingen die acht Häftlinge ins Bad, die ihre Betten ganz unten hatten. Sie waren auf der Toilette, putzten sich die Zähne mit warmem Wasser, rasierten sich und duschten. Natürlich alles, bis auf die Toilette, mit warmem Wasser. In der Zwischenzeit fingen alle anderen so gut wie schon möglich ihre Betten zu machen. So auch ich. Dem Mithäftling, der unter mir schlief, würdigte ich keines Blickes und erst recht keines Wortes. Das war für mich kein Problem. Schließlich kannte ich es sehr gut, niemand zu haben mit dem ich reden konnte. Da ich aber auf dem Rahmen seines Bettes stehen musste, wartete ich, bis er im Bad verschwunden war.

So konnte ich mein Bett machen, ohne ihn zu bitten, ob er auf der anderen Seite zunächst sein Bett machen könne. So war ich fertig, bevor er zurückkam. Für uns, die wir oben lagen, war natürlich am Ende kein warmes Wasser zum Zähneputzen, Rasieren und Duschen mehr da. Aber zumindest stellte ich fest, dass mein Schlafanzug wohl getrocknet war, denn er lag zwar nicht mehr auf der Heizung, aber auf dem Fensterbrett darüber. Ihn brachte ich gleich noch schnell in die Zelle und legte ihn auf meinen Stuhl.

Ich hatte hier tatsächlich einen Stuhl aus Holz, so richtig mit Lehne. Das war schon etwas anderes als in dem Stasigefängnis. Dort hatte ich nur einen Hocker.

So ging ich wieder zurück ins Bad. Meine Haare musste ich mal wieder waschen, stellte ich fest. Aber ohne warmes Wasser wollte und konnte ich das nicht. Also blieb nur alles mit kaltem Wasser zu tun. Dabei ging mir durch den Kopf, dass das ganze wohl nicht nur heute so sein würde. Also auch den Kopf unter die kalte Dusche. Mit meinen Händen und meinem Stück Seife hatte ich etwas Seifenschaum, um mir meine Haare zu waschen. Das reichte nicht, darum rieb ich die Seife noch ein paar Mal zwischen meinen Händen und so konnte ich mir meine Haare zu Ende waschen. Als ich gerade meinen Kopf unter die Dusche halten wollte, rutschte ich weg und stürzte. So lag ich also auf den, durch die Wassertemperatur, ebenso kalten Fliesen. Überall war Seifenschaum auf dem Boden. In meinen Augen war auch noch Seifenschaum, der brannte. Darum ließ ich meine Augen einfach zu. Ich dachte, dass ich es schon irgendwie schaffen würde, mit geschlossenen Augen aufzustehen.

Sexueller Missbrauch

Nackt auf den kalten Fliesen, die sich durch das viele kalte Wasser noch kälter anfühlten, auszurutschen war schon sehr unangenehm. Ich hatte keine Möglichkeit mich irgendwo festzuhalten, da der Seifenschaum zu sehr in meinen Augen brannte und ich sie nicht öffnen konnte. Also ließ ich meine Augen lieber zu. Ein Fehler, den ich besser nicht gemacht hätte. Wieder so wie damals in dem Stasigefängnis. Auch da hatte ich einen Fehler gemacht, den ich besser nicht gemacht hätte.

An dieser Stelle höre ich mal auf mit der detaillierten Schilderung. Nur so viel: Es gab einen sexuellen Missbrauch an mir während meiner Haftzeit.

Ich lag mit einem Mal, nachdem zwei Mithäftlinge mich auf meinen Bauch gedreht hatten, mit dem Rücken nach oben auf diesem kalten Steinfußboden. Meine Augen hatte ich jetzt geöffnet, auch wenn sie noch so sehr brannten. Ich selbst ahnte zu dem Zeitpunkt noch nicht, was jetzt wohl mit meinem kaputten Körper und der noch kaputteren Seele passieren sollte. Ganz schnell banden sie meine Handgelenke zusammen und an dem Toilettenabfluss fest. Das gleiche geschah mit meinen Fußgelenken am Zufluss für die Heizungen im Bad. Da sie auch noch irgendetwas in meinen Mund schoben, konnte ich nichts sagen. Wehren konnte ich mich auch nicht. Ich lag völlig ausgeliefert am Boden und stellte mich nur noch tot. Ich bewegte mich nicht und ...

Dass ich hier nicht den Tatablauf aufschreibe, verstehen Sie, liebe Leser sicherlich. Wenn ich Ihnen noch dazu schreibe, dass ich zwischen meinem 11. und 14. Lebensjahr mehrfach im Freizeitbereich sexuell missbraucht wurde, dann können Sie es, glaube ich, noch besser verstehen.

Nachdem sie mit mir fertig waren, banden sie mich nicht wieder los, sondern ließen mich so liegen. Ich blieb auch liegen, denn seelisch war ich jetzt wirklich tot. Ich lag an der Erde auf diesen, jetzt noch kälteren Fliesen, und zitterte am ganzen Körper. Ich weiß nicht, wie lange ich so gelegen hatte. Zuvor drehte ich mich auf die rechte Seite. Mein Po, meine Beine und mein Bauch taten weh, sehr weh.

Irgendwann bin ich aufgestanden. Mir war merkwürdig zumute. Als erstes beugte ich mich über das Toilettenbecken und übergab mich. Nach und nach hatte ich mich mehrfach übergeben.

Dann stand ich auf und ging zur Dusche. Das Wasser war kalt, aber das war mir völlig egal. Ich duschte mich und schrubbte meine Haut mit einer Bürste. Diese war eigentlich dafür da, die Fliesen am Boden und an den Wänden des Bades schrubben zu können.

Auch das war mir egal, denn ich war – wieder wie damals – unendlich dreckig. Nach einer Ewigkeit ging ich in die Zelle zurück. Manche Mithäftlinge waren gerade noch beim Trinken des Muckefucks. Mein Haftkamerad setzte sich neben mich, nachdem ich mich angezogen hatte. Wir saßen allein an einem Tisch, der für jeweils sechs Häftlinge gedacht war. Ich sagte kein Wort, er legte seinen Arm um meine schmerzenden Schultern und schwieg gemeinsam mit mir. Wir schwiegen so laut, dass mit einem Mal ein Schließer unsere Zelle betrat und fragte was hier passiert sei. Jetzt schwiegen alle, bis auf einen. Der meinte, dass nichts passiert sei. Die Geräusche waren wohl nicht zu überhören gewesen. Dennoch schaute sich der Schließer nur einmal um und verließ die Zelle wieder. Ich konnte oder wollte nichts sagen. Mein Haftkamerad auch nicht, aber der Tag würde kommen, an dem ich etwas sagen würde.

Da Sonntag war, kletterte ich wieder hoch in mein Bett. Ich wollte keinen sehen und schon erst recht nicht meinen Peiniger, mit dem ich auch noch diese Zelle teilen musste. Aber was sollte ich tun? Genau, da war er wieder: Jemand der mich noch nie im Leben allein gelassen hat. In den schwierigsten Situationen war er da, stand mir zu Seite, stärkte meinen Rücken oder trug mich auch mal ein Stück meines nicht immer leichten Weges durch mein bisheriges Leben. Ich schloss meine Augen und konzentrierte mich nur auf diese eine „Person". Tja, manchmal konnte diese Person auch Brücke, Geländer, Baum, Strauch, Frucht oder auch der sein, der einfach da war, da ist und immer da sein wird: Jesus Christus. Ich konnte mich nicht auf den Rücken legen, dafür schmerzte mein Po und mein Bauch zu sehr. So drehte ich mich auf die Seite, zog meine Beine an und deckte mich bis an die Nasenspitze zu. Die Decke hatte ich so über mich gelegt, dass sie meinen kaputten Körper und das bisschen Seele ganz überdeckte. Ebenso hatte ich sie unter meine Schulter, meinen Rücken, meinen Po, meine Füße und meine Arme geklemmt, dass sie von außen niemand unbemerkt hätte anheben können. Ich wollte sicher sein, dass ich nicht sofort, dass nächste Mal sexuell missbraucht werden konnte. Das schien mir sicherer zu sein. Gott sei Dank, es schien mir nicht nur so. Im Stillen betete ich zu Gott, er möge, wenn die Zeit reif ist, auch diese Peiniger strafen.

Die Schmerzen im und am Körper hatte ich noch fast eine ganze Woche lang, aber Schmerzen kann man sich hier abgewöhnen und ich war wohl sehr gut im Abgewöhnen. Von daher verging die Zeit schnell.

Jetzt war ich schon vier Wochen hier in diesem Zugang. Meine Peiniger unter den Häftlingen waren inzwischen nicht mehr da. Scheinbar hatte Jesus Christus mein Gebet erhört. Ich schlief nun auch in der zweiten und nicht mehr in der dritten Etage. Ich hätte inzwischen auch ganz nach unten ziehen können, aber das wollte ich nicht. Die zweite Etage passte einfach besser zu meiner Körperlänge von fast zwei Metern. Ganz unten hätte ich mich beim Bettenbauen sehr weit nach unten beugen müssen und *das* würde ich hier sicher *nie wieder* tun.

Aber es sollte nicht lange dauern, bis es einen weiteren „Zwischenfall" mit einem anderen Mithäftling gab. Dieser hatte es wohl darauf angelegt mich körperlich zu misshandeln. Er schlug mich immer mal wieder, trat nach mir, goss heißen Tee über mich. Und so noch einige weitere Dinge.

Ich hatte noch genug von dem sexuellen Missbrauch, dass ich nicht lange fragte, sondern tat etwas, dass gar nicht meine Art ist.

Ich packte auch ihn am Schlafittchen, drückte ihn gegen die Wand und mit meiner rechten Faust schlug ich zu. Nicht einmal, nicht zweimal, nicht dreimal nicht viermal, sondern immer und immer wieder. Ich wollte nur nie wieder ohnmächtig sein. Mich nie wieder so drangsalieren lasen.

Er bekam alles ab, mein Leid als kleiner Junge und auch mein Leid von hier. Er sollte leiden, denn ich wollte nicht mehr leiden, *nie* mehr. So hörte ich erst auf, auf ihn einzuschlagen, als der Schließer Hubert Schulze alias RT was so viel wie Roter Terror unter uns Häftlingen hieß, mich von dem Mithäftling wegzog. Er zog mich aber nicht nur weg, sondern er sperrte mich auch gleich in die Arrestzelle.

Dorthin zog er mich an meinen Haaren über den Flur und ich hatte, wie alle Häftlinge hier, kurze Haare.

Arrestzelle

Die Arrestzelle hier im Zugang können Sie sich vorstellen wie eine Zelle in einer Zelle. Vorn war eine Gittertür und rundherum waren auch Gitter. In dieser Zelle befand sich eine weitere, jedoch flächenmäßig viel kleinere Zelle. Das diese auch vergittert war, ist wohl klar. Hier in dieser Zelle war das Bett an der

Zellenwand angeschlossen. Sie war viereinhalb Mal zwei Meter groß. Ein Waschbecken gab es nicht und für den Toilettengang musste ein Kübel ausreichen. Zum Sitzen hatte ich hier wieder einen Hocker und als Ablage für den Teller einen kleinen Tisch.

Eine „Begebenheit", die ich hier erleben sollte, möchte ich Ihnen, liebe Leser, hier etwas näher schildern. Von solchen „Begebenheiten" können andere politische Gefangene hier im Zuchthaus Cottbus noch mehr erzählen.

Ich weiß nicht wie oft er, also RT, mich erdrückt hat. Aber mit jedem Mal, als ich den Schlagstock an meiner Kehle gespürt habe, bin ich in eine Gefühllosigkeit in eine Ohnmacht gefallen. Hinzu kam eine immer stärker werdende Angst. Den Schlagstock, welchen er benutzte, um mit ihm auf meine Genitalien zu schlagen, habe ich sehr oft gespürt. Ich krümmte mich vor Schmerz, aber das war ihm egal. Ich lag am Boden, krümmte mich, weinen konnte ich nicht, und er schlug weiter auf mich ein. Es tat weh, ohnmächtig zu sein. In mir stieg eine Wut hoch und irgendwann schwor ich mir selbst, dass der Tag kommen wird, an dem ich ihm all die Schmerzen, die Ängste, die Ohnmacht zurückzahlen würde.

Ich bekam von ihm den Jutesack über mein Gesicht gezogen und wäre beinahe erstickt. Er hat mich angeschrien und getreten. Getreten in mein Gesicht, gegen meinen Kopf, in meinen Bauch zwischen meine Beine und wieder und wieder gegen meine Beine geschlagen. Wenn ich dachte jetzt ist das schlimmste überstanden, hatte ich mich mehr als nur geirrt.

Es war ganz anders. Jetzt begann seine Art mich psychisch zu zerstören. „Dreckspack wie Sie hat es nicht verdient, in diesem sozialistischen Land zu leben. Dreck wie ich, ist es nicht wert weiter mit einem so klaren Menschen wie mir", wie er sagte, „die gleiche Luft zum Atmen zu teilen."

Aber auch das war noch nicht alles. Ich wurde von ihm an meinen Haaren gezogen, dass sie in Büscheln abrissen. Über den Flur entlang bis zur Arrestzelle. Mit zwei kräftigen Tritten, einen in meine Kniekehlen und einen in meinen Rücken fiel ich hinein. Vorher hatte er dafür gesorgt, dass ich auf dem Boden krieche. Dort nahm er mir den Sack NICHT AB: Nein; Er entsicherte eine Waffe, von der ich glaubte, dass es seine Dienstwaffe sei, und hielt mir den eiskalten Lauf an den Kopf.

Ja, du Arsch, ich habe diesen Lauf durch das kleine Loch in dem Sack gespürt und konnte nichts sagen. Ich konnte kaum atmen und ich versuchte nur ganz still da zu liegen. So würde es wohl sein, wenn ich tot bin und hoffentlich bin ich bald tot. Denn so leben war nicht auszuhalten. Ich krümmte mich zusammen und dann hörte ich den Schuss seiner Pistole. Ich hörte ihn und musste doch weiterleben. Er lachte schrecklich laut ohne darüber Nachzudenken, was das mit mir machte. Ich hatte Angst, ich war ihm ohnmächtig ausgeliefert, ich hatte mich übergeben. Das Erbrochene ging aber nur bis zum Hals, denn oberhalb meiner Kehle hatte er diesen Sack zugebunden. Hätte ich noch mehr erbrochen, wäre ich daran erstickt.

Ich war ihm doch sowieso scheißegal. Aber ich hoffte, dass ich nicht wieder von ihm geschlagen werde, weil ich zu spät an der Klappe war, um das Essen für mich zu bekommen. Auch das hat er mehr als zigmal getan. Auch das tat weh, aber was ist schon Schmerz, der körperlich wirkt. Er vergeht wieder, habe ich damals oft gedacht. Vergangen ist er aber nicht. Manchmal spüre ich ihn noch heute in diesem Albtraum, von dem ich nicht loskomme, aber ich werde ihm den „Sieg" über mich nicht gönnen.

Als er das letzte Mal mir den Lauf seiner Pistole an den Kopf gehalten hat, habe ich wieder geglaubt jetzt erschossen zu werden. Er hat abgedrückt: Einmal, zweimal, dreimal, viermal. Kein Schuss traf in meinen Kopf jedenfalls nicht physisch. Aber jeder einzelne traf meine Seele. Ich leide heute noch an den Folgen, die er zu verantworten hat.

Heute stelle ich mir als Christ vor, wie er die friedliche Revolution erlebt hat. Wie er die vielen Menschen mit den Kerzen in der Hand gesehen hat. Wie er die Worte von Gorbi „Wer zu spät kommt, den bestraft das Leben" gehört hat. Wie er die vielen Menschen sah, denen Hans Dietrich Genscher in Prag die Botschaft von „ihrer Ausreise" gebracht hat und wie er die vielen Menschen, völlig ausgelassen feiernd, in der Nacht vom 09.11.89 auf den 10.11.89 sah. Und ich stelle mir vor, wie er eines Tages Gott begegnet. Gott wird ihn empfangen und Gott wird über ihn richten. Gott wird ihn nicht in den Himmel lassen oder in die Hölle schicken. Gott wird ihn zurückschicken. Zurück zu all den Menschen, denen er all das Unrecht angetan hat. Wir werden ihm vielleicht vergeben, aber niemals vergessen. Genau mit dieser Erfahrung, glaube ich, kommt er zurück zu Gott.

Aber zurück ins Zuchthaus Cottbus und hier in die Arrestzelle im Zugang.

Aus der Arrestzelle kam ich dann nur noch einmal zurück, um meine Sachen aus der Zelle zu holen, nachdem ich vorher vier Tage hier drinnen war. Jetzt ging es weg, weg von den anderen Mithäftlingen, was mich nicht so sehr störte. Aber Dirk, mein Haftkamerad, der auch in dem Stasigefängnis gewesen ist, auch ihn würde ich jetzt wohl nie mehr wiedersehen. Wir mochten wohl beide keinen Abschied. So umarmte er mich nur kurz und dann ging ich aus der Zelle hinaus.

In meiner Hand trug ich eine Decke in der vieles enthalten war. Hier war mein Bettzeug, meine Wäsche, meine Bestecktasche mit dem Aluminiumbesteck drin, meine Handtücher, meine Waschtasche mit den Hygieneartikeln – jedenfalls nannten sie sich so –, meine Hauslatschen und meine Plastiktasse drinnen.

Jetzt ging ich mit dem Schließer zusammen raus aus dem Haus und in ein anderes Haus hinein. Hier waren sehr viel mehr Häftlinge untergebracht. Und hier würde ich wieder „der Neue" sein.

Eines hatte ich für mich beschlossen. Ich würde mir hier keine Gewalt mehr antun lassen. Jedenfalls nicht von anderen Mithäftlingen. Bei den Schließern war dies etwas anders, denn denen waren wir alle mehr oder minder ohnmächtig ausgeliefert.

Ein Mithäftling aber saß im gleichen Boot wie ich und von so einem musste und wollte ich mir so etwas **NIE WIEDER** antun lassen.

Zwangsarbeit für „VEB Sprela Sprelakatwerke"

Das würde künftig meine Arbeit sein. Aber dazu später etwas mehr.

Zunächst kam ich wieder in einer Zelle für 24 Häftlinge an und wie schon geahnt: Ich war der Neue. Also wieder in der dritten Etage schlafen, wieder meinen Schrank x-mal einräumen, bis er den anderen Mithäftlingen aber auch dem Personal der Volkspolizei (Abteilung Strafvollzug) wie es offiziell hieß, gefallen würde.

Hier gab es nicht nur die Schließer, mit denen wir jeden Tag zu tun hatten, sondern es gab auch einen Offizier der Volkspolizei (er war Leutnant) der hier als unser Erzieher tätig war. Es gab hier auch sogenannte Erzieherbereiche. Jeder Erzieher hatte seinen Zuständigkeitsbereich, für den er verantwortlich war. Dieser Erzieher regelte und kontrollierte alles. Die Briefe, die ich schrieb, durften nicht verschlossen werden. Wenn ich ein Paket bekam, holte ich dieses bei ihm ab. Natürlich hatte er es zuvor – ohne mein Beisein – geöffnet und den Inhalt überprüft. Nicht das ich hier womöglich eine Nagelfeile zum Durchtrennen der Gitter geschickt bekommen hätte. Ja, auch hier sollte ich aufpassen, dass ich meinen Humor nicht verlor.

Wenn wir Besuch bekamen, den wir Häftlinge hier nur „Sprecher" nannten, lief auch hier vieles über den Erzieher. Denn er konnte so einen Besuch auch verweigern. Dann wären Angehörige wieder nach Hause geschickt worden.

Wenn ich einen Termin beim Erzieher hatte, hatte ich an seiner Tür anzuklopfen, dass „Herein" abzuwarten und erst dann hineinzugehen, die Hände an die Hosennaht und den Satz: „Strafgefangener Keil meldet sich an" zu sagen.

Es wird noch von einer weiteren StVE (Strafvollzugseinrichtung) die Rede sein. Auch dort gab es wieder Erzieher und Schließer. Solche Schließer wie RT oder Arafat, der Handlanger von RT, die es im Zugang im Zuchthaus Cottbus, oder offiziell der StVE Cottbus gab, hatte ich in meiner weiteren Haftzeit nicht mehr. Aber die Mithäftlinge sollten so manche Tat dieser zwei Schließer durchaus ersetzen können.

Nun zurück zur Zwangsarbeit im VEB Sprela in Spremberg, wo wir zu jeder Schicht, mit dem Bus vom Typ Ikarus 66, im Volksmund Rakete genannt, hingefahren und von dort natürlich auch zurück in das Zuchthaus Cottbus gefahren wurden.

Ich kam in das Arbeitskommando „Sprela-VEB Sprelakatwerke". Hier hatte ich mit sehr viel Chemie, Leim und Farben zu tun. Die Arbeitskräfte, die dort beschäftigt waren, trugen immer einen Mundschutz. Für uns Häftlinge, so auch für mich, gab es so etwas natürlich nicht. Krank konnten wir nicht werden, denn Krankheit zählte hier nicht. Was hier vielleicht gezählt hätte, wenn ich mit meinem Kopf unter dem Arm dort angekommen wäre. Aber das ist nie passiert.

Hergestellt habe ich hier die Arbeitsplatten von Kühlschränken. Diese waren aus einem Verbund von Holzfasern und Leim zusammengepresst worden und von uns mit Sprelacart überzogen worden. Es war eine Art Fließbandtätigkeit, die wir hier zu erledigen hatten. In der Anfangszeit quälte mich oft ein starker Husten und Atembeschwerden, aber wie schon gesagt: Krank gab es hier nicht.

Irgendwann hatte ich mich wohl an diese beißenden Dämpfe gewöhnt. Schließlich hatte ich jeden Tag damit zu tun. Und kaum war ich wieder zurück in unserer Zelle, wie alle anderen auch, trank ich so viel ich konnte. Meine Speiseröhre fühlte sich an, wie Pergamentpapier. So staubtrocken hatte ich zuvor noch keine Umgebungsluft wahrgenommen wie hier. Aber ich sollte hier auch nur knappe zwei Wochen bleiben. Dann kam der nächste Transport.

Schwarze Pumpe – dunkelgrau oder hellschwarz

Ich weiß nicht, wem ich das zu „verdanken" hatte, aber nach kurzer Zeit wurde ich verlegt. Ich konnte mit dem Wort „Verlegung" nicht wirklich etwas anfangen, aber die Erklärung kam bald. Ich wurde zurückgeschlossen in unsere Baracke, während alle anderen nach Spremberg fuhren. Ich musste mein Bett abziehen und all meine Sachen zusammenpacken. Dann ging ich auf Transport. Wieder so ein Wort, aber Transport sagte mir schon etwas. Ich wurde transportiert, ja klar: ein Mensch war ich schon lange nicht mehr. Das hatte begonnen in dem Stasigefängnis wo ich nur eine Nummer und zum Schluss nur noch ein ganz kleines Häufchen Elend gewesen war.

Transportiert wurde ich in eine andere StVE mit Namen „Schwarze Pumpe". Nicht nur die Strafvollzugseinrichtung hieß so, sondern auch der Ort, in dem sie sich befand. Vielleicht nicht schwarz, aber dunkelgrau war hier so ziemlich alles.

Der Name, Schwarze Pumpe, allein sagte beinahe alles über diesen Ort. Die Luft hier war so mit Kohlenstaub gefüllt, dass man meinen konnte, den Kohlenstaub anstelle der Luft einzuatmen. Aber nicht nur der Kohlenstaub in der Luft sollte alles, aber auch wirklich alles unerträglich machen.

Es bedarf schon einer sehr großen Anzahl von negativen Faktoren, dass ich tatsächlich sagen würde, dass etwas unerträglich ist. Schließlich hatte ich in diesem Stasiknast und auch im Zuchthaus Cottbus so einiges durchgemacht.

Ich kam allein im Zugang an. Diesen Namen hatte auch die dortige Einlieferung. Es gab mehrere Zellen rechts und links im Gang, aber die Betten hatten hier nur zwei Etagen. Ich bekam wieder ein Bett in der oberen Etage. Bevor ich das Bett aber bekam, musste ich zur Kleiderkammer. Dort bekam ich eine Zudecke, ein Kopfkissen, ein Laken, die Bezüge dazu sowie zwei neue Fleischerhemden. Dazu kamen dann noch zweimal Unterwäsche, Socken, Seife, ein Rasierapparat, ein paar stumpfe Klingen sowie ein Zahnbecher und Zahncreme, die man auch hier eher nicht für die Zähne benutzen sollte. Außerdem gab es noch einmal Besteck aus Aluminium und eine Bestecktasche dazu. All das hatte ich schon einmal, nämlich im Zuchthaus Cottbus bekommen. Daher wusste ich auch um die Unbenutzbarkeit der Zahncreme und der Rasierklingen.

Zum Mittag ging es im Gleichschritt, wie bei der Armee. Allerdings durften wir dorthin gehen und dass allein entschädigte für diesen eigenartigen militärischen Ton, der außerhalb des Zellenblocks herrschte. Offensichtlich hatten diese Schließer, die in Cottbus und auch hier zur Volkspolizei gehörten, große Freude daran, uns zu schikanieren. An manchen Tagen mussten wir abends noch einmal nach draußen, um das richtige Marschieren zu üben.

Sehr spät wurde es dabei nie, denn um 19:30 Uhr kam jeden Abend die „Aktuelle Kamera", die Nachrichtensendung in der DDR. Diese Sendung mussten wir uns anschauen, ob wir wollten oder nicht, denn das war auch hier eine sogenannte Pflichtveranstaltung. Unter uns Häftlingen hieß sie nur „Rotlichtbestrahlung". Bei diesem Wort wusste jeder sofort, was gemeint war. Wenn jemand sagte, dass er heute Abend zur Rotlichtbestrahlung geht, war klar was gemeint war.

Arbeiten durften wir hier jedoch noch nicht, sodass der Tag mehr oder minder mit dieser oder jener Schikane verging. Mal wurden die Betten auseinandergerissen und alles auf die Erde geworfen, ein anderes Mal wurden die Schränke geöffnet und wenn nicht alles auf Kante lag, flog der Inhalt einfach nur noch auf den Boden. Aber nicht etwa nur ein Schrank. Nein, wenn nicht alles ordentlich drin lag oder stand, flog alles an die Erde. Vieles war danach völlig durcheinander, aber das interessierte hier niemanden. Ich rasierte mich womöglich mit dem Rasierer eines Mitgefangenen oder bekam plötzlich dessen Zahnbürste. Andersherum war dies auch möglich. Die Zelle bekam dann sämtliche *Vergünstigungen* gestrichen.

Vergünstigungen bestanden beispielsweise darin, am Abend einen Film im DDR-Fernsehen sehen zu dürfen. Das brachte so viel Abwechslung, dass eigentlich alle stets darauf bedacht waren, Ordnung zu halten und die Sachen, die im Schrank waren, ordentlich zu stapeln. Hierzu zählte nicht nur die Bekleidung, sondern auch das Essgeschirr oder der Zahnbecher und das Rasierzeug. Alles hatte ordnungsgemäß im Schrank zu liegen beziehungsweise zu stehen. Das Bettzeug durfte keinerlei Falten haben und auch der Bezug hatte gerade zu liegen. Ebenso die kratzende Decke, die auf dem Bett am Fußende lag. Das Bettzeug war hier genauso blauweiß kariert wie zuvor im Stasiknast oder auch im Zuchthaus Cottbus. Die Ordnung war offensichtlich auch in jedem Gefängnis gleich. Nur, dass ich nichts verbrochen hatte, wofür man mich hätte einsperren können.

Es fanden sich viele verschiedene Feinheiten, mit denen ich schikaniert werden konnte. Nicht nur mich, sondern auch andere Mitgefangene trafen solche Schikanen natürlich sehr genau. Ich hatte gedacht, ich sei nun aus den Fängen der Stasi raus, und dann so etwas.

Ich hatte bisher so oft im Dreck gelegen und war immer wieder aufgestanden, dass einmal mehr, gar keine Rolle spielte. Im Gegenteil, ich glaube, dass ich mit jedem Mal „im Dreck liegen" stärker wurde. Und wenn ich so manches Mal am Verzweifeln war, war Gott doch immer an meiner Seite. Auch hier hat er mich nie allein gelassen.

Zwangsarbeit im GTWS-Großtagebau Welzow-Süd

Nach einigen Wochen wurde ich jedoch in eine andere Baracke der Strafvollzugseinrichtung Schwarze Pumpe verlegt. Ich kam in die Abteilung des Großtagebaus Welzow-Süd. So hatten wir nicht ganz oben oder besser fast ebenerdig unsere Arbeit zu erledigen, sondern zwar gerade noch oberhalb der Kohle, aber weit unterhalb des Abraumes.

Die ‚kleine' Anlage, welche sich zwischen den Baggern entlang zog und wie eine lange Schlange aussah, bestand aus vielen Geräten, die die kilometerlangen Förderbänder trugen. Auf denen lief unten die Kohle und oben der sogenannte Abraum entlang. Sie war allerdings auch beinahe zwei Meter hoch und etwa zweieinhalb Meter breit. Wenn das Wetter trocken war, sah ich nach zehn Stunden wie die Kohle selbst aus. Wenn es regnete, versanken wir im Schlamm und so manch ein Gummistiefel blieb einfach stecken. Das war jedoch kein Grund, stehen zu bleiben, die Arbeit musste weitergehen. Wie oft ich mit nur einem oder so manches Mal auch mit gar keinem Gummistiefel weiterlaufen musste, kann ich nicht sagen. Aber wenn wir eine Schiene für das Gleis trugen, konnte man eben nicht einfach stehen bleiben. Das Gleiche galt, wenn wir dabei waren, die Kabel, mit einem Durchmesser von etwa 15 cm. für die riesigen Bagger weiterzuziehen. Wenn diese schon im Schlamm verschwunden waren, wurde es um ein Vielfaches schwerer. Eine Winde, mit ungefähr 10 Kilogramm Eigengewicht im Schlamm anzusetzen, um ein Gleis zu bauen, war fast unmöglich, aber getan habe ich auch das und dies nicht nur einmal.

Ganz besonders wirkten sich auch hier die Wintermonate aus. Sie können sich vielleicht vorstellen, wie schwer es ist, bei Schnee und Eis und minus fünfzehn bis minus zwanzig Grad Celsius zu arbeiten. Eigentlich war mir kalt, doch bei der körperlich sehr schweren Arbeit wurde nicht nur mir so warm, dass wir oft anfingen, zu schwitzen.

Wie oft stand ich mit der Spitzhacke da und habe Löcher in den gefrorenen Boden geschlagen, um eine Weiterarbeit zu ermöglichen. Unsere Winden rutschten auf dem gefrorenen Boden schnell mal weg. Schließlich war eine Gleisschiene nicht leicht, und das Gewicht, hätte die Winde wie ein Katapult wegfliegen lassen. Wer die gegen sein Bein bekam, hätte zumindest ein gebrochenes Bein gehabt. Denn die Winde wäre wie ein Geschoss geflogen. In einem Loch war aber der Sand oben und die Winde leichter anzusetzen.

Wer durchgeschwitzt etwas auszog, wurde mit Sicherheit krank. Krank war man hier jedoch erst dann, wenn man den Kopf unter dem Arm trug und sich die Schuhe im Liegen nicht mehr zubinden ließen. Anders ausgedrückt: Die Worte ‚krank' oder ‚geht nicht' gab es für die nächsten Jahre nicht mehr. Dass es ‚nur' zwei Jahre sein werden, hatte ich zu diesem Zeitpunkt nicht einmal geahnt.

Von nun an ging es jeden Tag von Montag bis Freitag und oftmals auch am Samstag in den Tagebau und das für zehn bis zwölf Stunden täglich. Hätte ich ein Verbrechen begangen, hätte ich das alles verstehen können, aber das war nicht so. Was hatte ich mir denn vorzuwerfen? Dass ich den Parteiboss in unserem Betrieb gefragt hatte, warum dieser Staat sich demokratisch nenne? Nein, ich hielt diese, meine Frage nach wie vor für völlig berechtigt.

Dass ich anderen bei der Flucht aus dem Gefängnis DDR geholfen hatte? Auch das nicht, denn ich war immer noch davon überzeugt, dass jeder Mensch das Recht hat, dort zu leben, wo er sich wohlfühlt. Und diese Meinung habe ich heute noch.

Dass ich dieses Unrechtssystem von Innen verändern wollte? Nein, denn ich würde heute, unter den gleichen Umständen, wieder genauso handeln, denn Unrecht und andauernde Kontrolle kann ich bis heute nicht aushalten.

Oder hatte ich mir vorzuwerfen, dass ich irgendwann selbst einen Antrag auf dauerhafte Übersiedlung – wie der Ausreiseantrag hieß – stellte? Auch das konnte nicht sein, denn ich hatte eben Hoffnungen, Wünsche und Träume, die ich in meinem Leben verwirklichen wollte. Als ich merkte, dass dies in der DDR nicht möglich war und ich dieses System auch von Innen nicht verändern konnte, blieb mir doch gar nichts anderes übrig.

Dass ich fliehen wollte? Na, dass doch schon gar nicht, denn meine Ausreiseanträge waren wieder und wieder abgelehnt worden. So hatte es für mich keine andere Möglichkeit gegeben, als zu fliehen, denn im Fadenkreuz der Stasi befand ich mich sicherlich schon seit geraumer Zeit.

Dass meine Flucht nicht geglückt ist, da ich verraten worden war, konnte ich mir auch nicht vorwerfen, denn ich hatte niemandem, außer meiner lieben Freundin Heike und meinem Bruder, etwas davon erzählt. Unsere Eltern hatten zwar meinem Bruder verboten, mit mir Kontakt zu halten, nachdem sie mich mit knapp 17 Jahren zu Hause rausgeworfen hatten, aber wir trafen uns trotzdem. Dass Heike mich niemals verraten hatte, davon war ich mindestens tausendprozentig überzeugt, wenn ich nur an dieses schreckliche Bild der Stasi in diesem Stasigefängnis dachte.

Allein der Gedanke an dieses Bild ließ mir eiskalte Schauer über den Rücken laufen. Mir wurde schlecht, aber ich hatte zu arbeiten – zu funktionieren – und so fraßen sich alle Gefühle in meinen Körper hinein.

Weinen konnte ich eh schon fast ein Jahr lang nicht mehr. Dass ich erst im Frühjahr 2019 wieder werde weinen können, habe ich zu der Zeit nicht geahnt.

Es war zwar schon Frühling, aber sehr warm war es noch nicht. Ich wäre beinahe zusammengebrochen. Dieses Bild, es ging mir wieder und wieder durch den Kopf. Nicht nur dieses, auch so viele andere schreckliche Bilder aus meinem eigentlich noch jungen Leben schossen mir wie aus der Pistole durch den Kopf. Hinzu kamen Geräusche, Gerüche, Worte, die mich auch heute noch in Angst und Schrecken versetzen. Ich konnte sie nicht mehr ordnen. Sicherlich kam auch dadurch dieses Gefühl der Ohnmacht und des Ausgeliefertseins ganz plötzlich wieder zurück.

Natürlich versuchte ich bei dieser Arbeit hier im Großtagebau Welzow-Süd, nicht an diese Bilder zu denken, aber ich glaube, je mehr ich mich dagegen wehrte, desto weniger gelang es mir. Die Gedanken, Gefühle, Gerüche, Geschmäcker und Bilder, all das bohrte sich immer tiefer in das, was meine Seele sein sollte.

Der Wind war so stark, dass wir mit unserer Schiene für das Gleis aufpassen mussten, nicht umgeweht zu werden. Die Schiene war kein Problem, denn da pfiff der Wind drum herum, aber unsere offenen Jacken boten eine Angriffsfläche für den Wind, der an diesem Tag wohl überhaupt nicht mehr aufhören wollte.

Aber da gab es noch etwas, das uns zu schaffen machte: der Kohlenstaub, der umher gewirbelt wurde. Der setzte sich nämlich in die Nasenlöcher, in die Ohren und auch in den Augen fanden wir nach jedem Tag eine Menge davon. Manchmal war es so viel, dass wir selbst als Kohlenbrikett durchgegangen wären.

Nicht jedes Mal kamen wir nach Feierabend zum Duschen. Oft standen unsere Busse schon bereit zur Abfahrt, obwohl wir gerade erst angekommen waren. An solchen Tagen fiel das Duschen eben aus, wir mussten uns schnell umziehen und dann ging es los. Zurück ins Gefängnis. Hier konnten wir zwar duschen, aber unsere Sachen waren dennoch voll von Kohlenstaub. Kleidertausch jedoch war auch hier nur einmal in der Woche. Der Unterschied zum Stasigefängnis bestand in dieser Beziehung darin, dass wir von vornherein mehr Sachen hatten.

So hatten meine Mithäftlinge und ich allein durch das Wetter, immer und immer wieder nur durch das Wetter eine weitere Strafe bekommen, aber das kannte ich ja schon von den „Freigängen" im Stasigefängnis. Der Unterschied bestand darin, dass hier an einem Tag meist mehr als zehn Kilometer zurückgelegt wurden. Nicht, dass wir zehn Kilometer weit hätten laufen können, aber durch das ständige Hin und Her kamen so einige Kilometer zusammen.

Weit laufen konnten wir durchaus nicht, dafür sorgten die Fluchtstangen, die immer um uns herumstanden. Eine solche Fluchtstange ähnelt einer Stange, die heute bei Vermessungsarbeiten eingesetzt wird. Diese Stangen waren sehr leicht und so brauchte man körperlich nicht mehr schwer zu arbeiten. Das war der pure Luxus. Ich denke, da ist es verständlich, dass immer nur die zwei bis drei Häftlinge diese Stangen hielten, die als Nächste entlassen wurden.

Ich selbst kam nur kurze Zeit in den Genuss, nichts mehr tun zu müssen, als danebenzustehen und diese Stange festzuhalten.

Nun könnte man annehmen, dass der, der die Fluchtstange trug, doch nur hätte weglaufen müssen, um in Freiheit zu sein. Nein, weit gefehlt. Denn erstens war die DDR auch nur ein großes Gefängnis und zweitens hätte es keiner geschafft, über die vielen Ebenen des Tagebaus nach oben zu kommen.

Wenn ein Häftling sich außerhalb des Bereiches der Fluchtstangen befand, galt dies als Fluchtversuch. Die Volkspolizisten (Abteilung Strafvollzug) die immer mit uns zum und in den Tagebau fuhren, hätten ihre Hunde auf denjenigen hetzen oder von der Waffe, also der Maschinenpistole, Gebrauch machen können. Das wussten wir und so ist es noch klarer, warum hier niemand auf die Idee gekommen wäre, zu fliehen.

Das Steile daran wurde durch die Schaufelradbagger verursacht, die den Abraum weg zu baggern hatten. Da konnte man wirklich sagen: Er fraß sich mitten in die Landschaft hinein und vernichtete auf seinem Weg alles, aber auch alles, was sich ihm in den Weg stellte. Bäume und Sträucher waren für ihn kein Hindernis. Die Bäume wurden vorher abgeholzt und die Sträucher fraß er einfach auf. Aber es gab auch viele Menschen, die ihre Heimat, ihr Haus, ihr

Grundstück und oft auch ein halbes Leben zurücklassen mussten. Das alles nur, weil dieser kaputte Staat, der doch eigentlich schon lange Pleite war, sein Überleben sichern wollte.

Wie oft haben wir aufhören müssen, zu arbeiten, oder sind erst gar nicht zur Arbeit gefahren, weil der Nebel im Herbst und auch im Frühjahr so tief lag, dass es unseren Bewachern und Peinigern zu riskant war, uns herauszulassen. Ja, man hat uns auch auf der Arbeit behandelt, als seien wir die größten Verbrecher. Diese Zeit mussten wir nicht nacharbeiten, da wir wohl nicht mehr als zwölf Stunden pro Tag arbeiten durften. Das aber war nicht etwa so geregelt, um uns zu schonen, sondern viel mehr, dass wir zwar immer an unserer Leistungsgrenze arbeiteten, aber diese nie überschritten. Wir sollten in den kommenden Monaten immerhin noch unermüdlich weiterarbeiten können.

Wenn der Regen den Boden so stark durchtränkt hatte, dass wir mit unseren Gummistiefeln im Boden versanken, gingen wir trotzdem zur Arbeit. Ob dieser Schlamm nun absichtlich dazu benutzt wurde, uns noch ein wenig mehr, als wir ohnehin schon schikaniert wurden, weiß ich nicht genau. Aber feststeht, dass das unsere Bewacher nicht davon abgehalten hätte, mit uns in den Tagebau zu fahren. Sicherlich konnten sie keinen Platzregen bestellen, aber uns ausgerechnet dort arbeiten zu lassen, war doch schon sehr nah an Schikane. Wie oft ich selbst in diesem Schlamm bis zur Hüfte eingesackt bin, kann ich nicht mehr sagen. Klar hatten wir neben der

Regenjacke auch eine Regenhose an, aber die sorgte nicht dafür, dass man seine Stiefel auch anbehielt.

Unsere Tätigkeit lag zum größten Teil im Bereich der schweren und schwersten körperlichen Arbeit. Nicht nur wegen der Lasten, die immer und immer wieder von uns bewegt werden mussten, sondern auch, weil diese Arbeit, zumindest für viele von uns, mit enormen gesundheitlichen Problemen einherging. Unsere Gesundheit war immer erst dann von Bedeutung, wenn akute Gefahr für Leib und Leben bestand. Ansonsten hatten wir grundsätzlich keinerlei Erkrankungen zu haben, aber das war für mich ja nichts Neues.

So verging die Zeit. Aus Frühjahr wurde Sommer, aus Sommer Herbst, aus Herbst Winter, aus Winter Frühjahr und so weiter. Nur eines hatte sich geändert.

Wir schrieben das Jahr 1988.

Alles blieb wie gehabt. Zehn Tage am Stück wurde im Großtagebau Welzow-Süd gearbeitet, um anschließend zwei freie Tage im Gefängnis in Schwarze Pumpe zu haben. Freie Tage war allerdings eine Lachnummer, hier waren wir doch doppelt eingesperrt. Zum einen in diesem Gefängnis und zum anderen im großen Gefängnis namens DDR.

Hier im Gefängnis hatte sich die Hierarchie unter den Häftlingen, die wegen krimineller Handlungen einsaßen und den größten Teil aller Häftlinge verkörperten, verändert. Der Brigadier war entlassen worden. Seine Strafe hatte er abgesessen und daher kam er frei. Wir bekamen einen neuen Brigadier.

Nicht etwa, dass wir auch nur ein Wort dazu hätten sagen dürfen. Nein, wir waren hier die Politischen. Wenn man den Äußerungen von so manchen Häftlingen glauben würde, wären wir selbst schuld, dass wir hier eingesperrt waren. Wie die draußen lebten, wollte ich lieber erst gar nicht wissen, denn ich glaube, ich hätte mit der Faust auf den Tisch gehauen und gefragt, ob die denn noch etwas merken.

Nur mal zum Vergleich: Der Brigadier, der nicht nur eine kriminelle Handlung begangen hatte, kam frei, weil er seine Strafe abgesessen hatte. Uns oder besser mich sperrte man ein, weil ich meine Meinung gesagt hatte. War das gerecht? Wohl nicht, und deshalb konnte und wollte ich dieses unmenschliche System nie begreifen.

Wo Unrecht zu Recht wird, wird Widerstand zur Pflicht, war und ist mein Leitsatz.

Aber wie der Volksmund schon sagt: „Neue Besen kehren gut", oder: „Gib dem Deutschen einen Posten und du erkennst seinen Charakter." Diese zwei Sätze sollten auf unseren neuen Brigadier mehr als nur zutreffen.

Kaum war er der Brigadier, fing er an, uns zwei Politischen Häftlinge noch mehr zu drangsalieren und auszunutzen. Was sollten wir hier im Gefängnis schon tun können? Zwei gegen zweiundzwanzig. Die Chance, hier etwas auszurichten, war klein. Aber wir beide sagten uns immer und immer wieder, dass man sich ja immer zweimal im Leben sehe. Und irgendwann würden wir auch ihn wiedersehen. Keine Ahnung, wann und wo, aber das war das, woran wir uns immer erinnerten, wenn der eine oder der andere fast völlig am Boden zerstört war.

Die ZERV – Zentrale Erfassungsstelle für Regierungs- und Vereinigungskriminalität in Salzgitter, war in unseren Gedanken und besonders gegenüber den Schließern und dem sogenannten Erzieher ein guter Trumpf. Denn vor dieser fürchteten sich so manche der berüchtigten Schließer. Damals gegen RT und Arafat wirkten sie aber scheinbar nur mäßig.

Wie oft wir – sprichwörtlich – am Boden lagen, kann ich nicht mehr genau sagen. Eines aber ist sicher: es war sehr oft. Gerade im ersten Jahr der Haft.

Die Arbeit, die wir zu erledigen hatten, blieb gleich. Nur für uns wurde sie durch den neuen Brigadier noch schwerer. Der Zivilmeister, der mit uns zu tun hatte, sagte nichts dazu. Wahrscheinlich war er froh, einen solchen Posten zu haben, in dem er für das Nichtstun sicher sehr gut bezahlt wurde. Zivilmeister hieß er, weil er kein Mitarbeiter der Volkspolizei und hier des Strafvollzugs, sondern des Tagebaus war. Allerdings bin ich davon überzeugt, dass er zumindest ein IM der Stasi war, sonst hätte er wohl nicht mit uns zusammenarbeiten dürfen. Zumal es in der DDR offiziell keine politischen Häftlinge gab.

So vergingen die Tage, Wochen und Monate des Jahres 1988. Bei der ständigen Arbeit vergaß man beinahe, wie schnell die Zeit verging. Aber auch nur beinahe.

Wir bekamen hier auch Lohn. Dreißig Mark im Monat waren schon ein hoher Lohn. Mit diesem Geld konnte ich dann einmal im Monat einkaufen. Es war aber natürlich kein richtiges Geld und auch nicht diese Aluchips, mit denen draußen bezahlt wurde. Wir bekamen hier so etwas Ähnliches wie Spielgeld. So sahen die Scheine jedenfalls aus. Diese Scheine gab es für Mark- und Pfennigbeträge. Wir hatten also keine Münzen.

Bei dem Lohn kann sich jeder ausrechnen, dass hier eine Schachtel Zigaretten natürlich nicht 3,20 Mark kostete, obgleich die Schachtel Cabinet draußen für diesen Preis zu haben gewesen wäre. Hier kostete die Schachtel 5,00 Mark.

Wer die nicht hatte, musste sie ja nicht kaufen. Aber da es auch hier Häftlinge mit einem besseren beziehungsweise höheren Einkaufsbudget gab, wurde ich die Schachtel auch für fünf Mark los. So konnte ich mir den Tabak und die Blättchen, die ich zum Drehen einer Zigarette benötigte, auch kaufen. Wer nun denkt, den Tabak gab es jedes Mal, wenn es wieder zum Einkauf ging, der irrt sich. Auch hier im Gefängnis gab es längst nicht alles. Aber hin und wieder hatte ich die Chance, den Tabak und auch die Blättchen zu bekommen. Dass ich dann gleich mehrere Päckchen holte, ist wohl klar.

Selbst das Drehen der Zigaretten war gar nicht so leicht und ich hätte vielleicht öfter mal eine Zigarette geraucht, wenn ich es geschafft hätte sie richtig zu drehen. Wenn das Papier nicht richtig mit Tabak gefüllt war, verbrannte das vordere Ende mit einem Mal. Am Ende musste ich aufpassen, dass ich nicht zu weit rauchte, sonst wäre es heiß an meinen Fingern geworden. Wann während der Arbeit geraucht werden durfte, bestimmte der Zivilmeister. Im Tagebau war das Drehen einer Zigarette unmöglich, dafür war eine Pause viel zu kurz. So drehte ich diese im Gefängnis und steckte sie in eine Pappschachtel von Filterzigaretten.

Über all diese Tage, Wochen und Monate der Eintönigkeit, zu der wir hier verurteilt waren, war auch das Jahr 1988 vergangen.

Es begann das *offiziell* vorletzte Jahr meiner Haftzeit. Doch in diesem Jahr 1989 sollte es eine Menge Veränderungen geben. Viel, viel mehr, als ich zu Beginn dieses Jahres geglaubt hätte.

Noch immer arbeitete ich Tag für Tag im Großtagebau Welzow-Süd, und zwar mit dem gleichen Brigadier, der in der Zwischenzeit allerdings ein wenig nachlässiger geworden war, was sicherlich daran lag, dass auch sein Entlassungsdatum unaufhaltsam näher rückte.

Der Winter neigte sich ebenfalls seinem Ende zu und wir konnten die ersten wärmenden Sonnenstrahlen erhaschen. Irgendetwas war aber anders. Irgendetwas lag in der Luft. Man konnte es beinahe spüren, dass sich etwas Besonderes ereignen würde. Etwas Bedeutsames, etwas Großartiges, etwas Einmaliges. Ich konnte es nicht erklären, was immer es auch war, und so beschloss ich für mich, es auf mich zukommen zu lassen. Schlimmer, da war ich mir sicher, konnte es nicht mehr werden. Was auch passierte, es musste etwas Besseres oder zumindest anderes sein.

Der Frühling begann und jedes Mal, bevor wir in die Schleuse unseres Gefängnisses marschieren mussten, fand eine Zählung statt. Dieses Mal waren wir zwei zu viel.

Zwei zu viel? Hierher kam doch niemand freiwillig. Wie in Gottes Namen konnten wir dann zwei zu viel sein? Keine Ahnung.

Wir marschierten trotzdem alle in die Schleuse. Dort stand auch dieses Mal der Bus des Typen Ikarus 66 bereit. Wieder wurden die Namen der Häftlinge verlesen und wieder stieg einer nach dem anderen in den Bus. Jeder, der seinen Namen gehört hatte, antwortete mit „Hier" und stieg in den Bus. Als Letzte stiegen wie immer die Wächter mit ihren Hunden – Rottweilern, Riesenschnauzern, Schäferhunden – und den Maschinenpistolen ein. Es waren alle drin.

Nur der andere politische Häftling und ich standen draußen. Unsere Namen hatte niemand vorgelesen und so standen wir da wie bestellt und nicht abgeholt.

Transport nach Karl-Marx-Stadt

Das damalige Karl-Marx-Stadt ist heute Chemnitz. Dann bekamen wir zu hören, dass wir auf Transport gingen. Das hieß für uns, zurück, raus aus der Schleuse. Nachdem wir das Gefängnisgelände wieder betreten hatten, schloss sich die Schleuse auf unserer Seite. Erst dann öffnete sich die Schleuse auf der anderen Seite und der Bus fuhr los.

Wo aber sollten wir denn hin transportiert werden? Das wussten wir nicht. Aber was blieb uns übrig? Wir hofften, dass wir zusammenbleiben würden, denn in den Jahren, die wir hier gemeinsam verbracht hatten, war aus uns ein gutes Team geworden. Wie schon gesagt, schlimmer konnte es nicht werden und so liefen wir zurück in unsere Baracke und dann in unsere Zelle.

Dort angelangt, packten wir all unsere Sachen zusammen, mussten dann in die Kleiderkammer, um alles wieder abzugeben, und dann fuhren wir in einem grauen IFA W 50 Lkw – oder wie wir Häftlinge sagen würden: der Großen Minna – nach Cottbus.

„Hier waren wir doch schon mal", sagte mein Mithäftling. „Richtig" entgegnete ich, nur dieses Mal kamen wir in eine ganz andere Zelle. Das verwunderte uns sehr.

Dort angekommen, wurden wir dann doch getrennt. Genau in diesem Moment war uns klar, dass hier etwas Gravierendes passieren würde. Diesmal saß in der Zelle, in die ich gebracht worden war, ein etwas korpulenter Herr mit ersten grauen Haaren und im Edelanzug. Mein erster Gedanke war: Was lässt die Stasi sich jetzt einfallen? Umso verwunderter war ich, als der Mann mir erklärte, dass er ein Anwalt und für den Freikauf von politischen Häftlingen zuständig sei. Da dachte ich: Das ist doch jetzt nicht wahr. Ich kniff mich selbst so doll in den Arm, dass ich beinahe laut „Aua" gerufen hätte. Da ich dem Frieden nicht traute, versuchte ich durch Fragen, herauszubekommen, was das jetzt für eine Finte sei. Aber im Lauf des folgenden Gesprächs wurde mir mehr und mehr klar, dass es keine Finte, sondern tatsächlich Wirklichkeit war. Ich sollte freigekauft werden. Ich?

„Wer hat das denn eingerührt?", fragte ich.

Eine Antwort auf diese Frage bekam ich nicht gleich, aber ich sollte auch das noch erfahren.

Was heißt eigentlich Freikauf? Hatten wir hier in der DDR den Sklavenhandel wiederentdeckt?

Seinerzeit habe ich nur bemerkt, dass tatsächlich eine Menge Geld gezahlt wurde, damit ich in Freiheit leben konnte. Eigentlich war es tatsächlich Sklavenhandel, wenn man das Ganze aus rein wirtschaftlichen Gesichtspunkten betrachtet. Fest steht, dass die DDR schon lange vor ihrem Untergang pleite war.

Also hat die DDR den Verkauf von politischen Gefangenen, die es offiziell ja nicht gab, für sich entdeckt, um an die so dringend benötigten Devisen zu kommen.

Es gab zwischen 1963 und 1989 den Freikauf von 33.750 politischen Häftlingen, 2.000 Kindern und 250.000 Familienzusammenführungen. Allein für den Freikauf der politischen Häftlinge erhielt die DDR eine Summe von 3,2 Milliarden D-Mark.

Dass aber auch diese Maßnahme den Untergang dieses von vielen Menschen so verhassten Staates nicht aufhalten konnte, war zumindest uns klar. So wurden wir zwei, jetzt wieder zusammen mit der Kleinen Minna von dem Gefängnis direkt zum Bahnhof in Cottbus gebracht. Wir trugen unsere Knastklamotten und Handschellen, liefen hintereinander und rechts und links von uns unsere Peiniger der letzten Jahre.

Knastklamotten bestanden aus einer alten Armeeuniform, eingefärbt in Blau, schwarzen Halbschuhen, Unterwäsche und Socken. Die Hose hatte an den Außenseiten der Beine je einen gelben Streifen. Die Jacke hatte diesen jeweils an den Armen und auf dem Rücken. Dazu kam noch ein Fleischerhemd, welches hellblau war, einen kleinen Kragen besaß und mit senkrechten weißen schmalen Streifen verziert war. Auch dies hatte auf dem Rücken einen gelben Streifen.

Grotewohlexpress mit „MITROPA"?!

So wurden wir wieder zum Grotewohlexpress gebracht. Wohin es ging, wussten wir auch dieses Mal nicht. Nach einer ganzen Weile setzte sich der Zug in Bewegung. Die Durchsage des Bahnhofspersonals konnte ich nicht verstehen, da sie von anderen Bahnhofsansagen überschallt wurde. Aber wir beide waren hier gemeinsam in einer Zelle. Die anderen beiden Plätze hier blieben leer. Ganz sicher waren wir aber nicht die einzigen Häftlinge im Grotewohlexpress.

Ein Staat, der seine Bevölkerung einsperren muss, damit sie nicht in Heerscharen davonläuft, kann nicht gesund sein.

Wieder dauerte es mehrere Stunden, bis wir das nächste Mal hielten. Zum Glück musste ich dieses Mal nicht zur Toilette, dachte ich noch, als auf einmal die

Tür aufging und der Volkspolizist mich fragte, ob ich einen Tee trinken oder etwas essen wolle. Ich muss ihn angesehen haben, als komme er aus einem anderen Sonnensystem. Ehrlich gesagt, konnte ich die plötzliche Fürsorge nicht wirklich verstehen. Oder hatte dieses Verhalten mit unserem Freikauf zu tun? Wollten die, die uns bis gestern noch durch den Tagebau getrieben hatten, uns misshandelten oder einfach nur schikanierten, auf einmal bessere Menschen sein?

Das brauchten die uns nicht vorzumachen, denn daran glaubte wohl niemand von uns. Ich meine, hätte er die Tür aufgerissen und mir wortlos eine Plastiktasse mit sehr dünnem Pfefferminztee gereicht, dann hätte ich das als völlig normal empfunden und in meinen Gedanken abgehakt. Als er mich aber nach meinem Wunsch, etwas essen oder trinken zu wollen, fragte, war ich doch sehr erstaunt.

Natürlich wollte ich etwas trinken, auch wenn es nur dieser dünne Pfefferminztee war. Ich hatte seit dem Morgen nichts getrunken. Doch auch damit sollte ich mich irren. Das war kein dünner Pfefferminztee, sondern ein richtig gut schmeckender schwarzer Tee. Jedenfalls für diese Verhältnisse.

Wollte man uns langsam wieder an normale menschliche Kost und Getränke gewöhnen, dass wir nicht völlig abgemagert aussahen? Irgendeinen Grund musste das Ganze wohl haben, aber ehrlich gesagt, war der mir momentan ziemlich egal.

Ankunft in Karl-Marx-Stadt

Wir kamen mitten in der Nacht auf dem Bahnhof in Karl-Marx-Stadt an. Dann ging es ein Stück durch den Bahnhof und wieder hinein in den Barkas mit seinen winzigen Zellen. Der Barkas musste schon eine Weile dort gestanden haben, denn die Zellen waren eiskalt. Egal, gar nicht erst lange darüber nachdenken, sondern hinsetzen so gut, dass in dieser winzigen Zelle eben ging. Dann ging die Fahrt auch schon los. Das verwunderte mich wieder sehr, denn sonst hatte es immer eine ganze Weile gedauert, bevor sich das Fahrzeug mit uns als lebendem Gut in Bewegung setzte. Dieses Mal war eben alles anders als sonst. Auch hatte der Barkas B-1000 keinerlei Aufschrift an den Seiten.

Auf der kurzen Fahrt hatten entweder nicht so viele Ampeln gestanden oder sie waren alle grün gewesen, denn wir hatten kaum irgendwo angehalten, und wenn, dann immer nur für wenige Sekunden. Dann hielten wir an, der Motor wurde ausgemacht und das dumpfe Geräusch von Rollen, die ein schweres Tor bewegten, war sogar bis drinnen zu hören. Dann fuhren wir weiter, aber nur ein paar Meter. Mehr konnten das nicht gewesen sein. Sind wir am Ziel, dachte ich und da ging die Tür auch schon auf. Draußen standen die Volkspolizisten des Strafvollzugs in ihren dunkelblauen Uniformen mit den grau umrandeten Schulterklappen. Die Dienstgrade hatten wir im Strafvollzug lernen müssen, da wir die

Volkspolizisten mit „Herr" und Dienstgrad anzusprechen hatten.

Wenigstens etwas dachte ich. Nicht wieder in diesem Stasigefängnis zu sein, war ein Grund, einmal tief durchzuatmen. Auch wenn die Luft hier gesiebt war, so war es doch anders als sonst, denn wir bekamen unsere privaten Sachen wieder. Genau die, die ich damals, bei meiner Verhaftung durch die Stasi, getragen hatte. Ich bekam also die Uniform, die ich als Triebfahrzeugführer der Berliner S-Bahn trug, zurück.

Gewaschen worden ist die zwischendurch nicht, dachte ich. Na großartig, nun kannst du diese schmutzige und übelriechende Uniform anziehen und darin wahrscheinlich dein neues Leben beginnen. Na, das kann ja prima werden.

Die Uniform schien mir in der Zeit der Haft viel zu groß geworden zu sein. Hatte ich so viel abgenommen? Dass ich abgenommen hatte, war sicher wie das Amen in der Kirche, aber so viel? Wollten die mich auf diese Weise davon überzeugen, doch in diesem von mir so verhassten Staat zu bleiben? Das konnte unmöglich wahr sein, denn ich wäre eher in Unterhosen ausgereist, als hier zu bleiben.

Die Zeit, als ich hierbleiben und dieses System von innen zerreißen wollte, war lange vorbei. Mir war es nicht egal, was aus meiner lieben Heike wurde, aber hier wäre ich um keinen Preis der Welt geblieben. Auch das löste in mir immer wieder ein Auf und Ab in mir aus. Ob es Gefühle waren, wusste ich nicht.

Denn was waren Gefühle? Ich hatte keine mehr, glaubte ich. In diesem Stasigefängnis, in dem ich anfangs war, wurden spätestens mit meiner letzten Vernehmung alle noch verbliebenen Gefühle abgetötet.

Noch musste ich jedoch eine ganze Weile hierbleiben. Es wäre zu schön gewesen, hier anzukommen und nur fünf Minuten auf den so lang ersehnten Transport zum Todesstreifen zu warten, um dann, ohne mich auch nur ein einziges Mal umzudrehen, in die Freiheit zu laufen. Aber bis dahin sollte es doch noch eine Weile dauern. Wie würde es überhaupt ablaufen? Auch davon hatte ich keine Ahnung. Vielleicht würde uns irgendein Fahrzeug bis zum Todesstreifen, der sogenannten Staatsgrenze der DDR fahren und wir würden weiterlaufen. Aber wohin würde ich dann laufen. Das so ersehnte freie Land, die Bundesrepublik, war für mich doch völlig unbekannt. Vielleicht würde ich aber auch mit einem Auto direkt bis an mein Ziel gebracht. All diese Fragen und Gedanken sollten hier noch beantwortet und die Fahrt etwas ganz Besonderes sein.

Ich kam in eine Zelle. Die Heizung war an, denn die Zelle war warm, nicht heiß, aber warm. Nach wenigen Augenblicken kam ein anderer, eher schlanker Herr im schicken Anzug herein und teilte mir mit, dass er mein Rechtsanwalt sei und nun alle notwendigen Formalitäten für meine „Dauerhafte Übersiedlung in die Bundesrepublik Deutschland", wie die Ausreise offiziell hieß, mit mir erledige. Na, da bin ich aber gespannt, dachte ich.

Meine ersten Gedanken galten allen meinen Gegenständen in der Wohnung, in der ich zum Zeitpunkt meiner Verhaftung, gemeinsam mit Heike, gewohnt hatte. Die Möbel waren dabei allerdings eher nebensächlich. Für mich waren die Fotos, die Schallplatten und Bücher sehr wichtig. Als ich das dem Herrn Rechtsanwalt mitteilte, sagte er mir, dass es ihm sehr leidtue, aber all diese Sachen gebe es nicht mehr. Die Sachen hatte sich wohl die Stasi angeeignet, war meine Vermutung, die keine reine Vermutung bleiben sollte. Was nicht mehr zu gebrauchen gewesen war, hätte die Stasi vernichtet.

Das war ein Tiefschlag, mitten in die Reste meiner Seele. Wie hatte ich auch nur glauben können, dass all meine so lieb gewonnen Fotos und Schallplatten noch da waren. Nein, auch das hatte die Stasi auch noch kaputt gemacht. Alles, aber auch alles hatte dieser verhasste Staat kaputt gemacht. Bilder von den schönen, glücklichen, aber auch traurigen Momenten unserer Beziehung, die doch nie enden sollte, waren auch nicht mehr da. All meine bildlichen Erinnerungen an meine erste große Liebe waren weg. All die Liebesbriefe, die wir uns, seit wir das Schreiben erlernt hatten, schrieben, waren weg. Was blieb, waren nur die Bilder in meinem Kopf.

Dieser Scheißstaat!
Dieser Scheißstasistaat!!!

Das letzte Bild von meinem lieben Sternenäuglein Heike, dass ich in meinem Kopf hatte, war das von der Stasi, auf dem sie über und über mit Blut verschmiert und mit den zerrissenen Sachen zu sehen war. Tiefe Kratzspuren auf ihrem Dekolleté und ihrem Busen. Wann würde ich dieses Bild aus meinem Kopf bekommen? All das begleitet mich bis heute und ich kann nur lernen mit diesen schrecklichen Erinnerungen zu leben. Ich hatte keine Ahnung und wieder war ich in meinen Gedanken an einem Punkt, an dem ich meinem Scheißleben ein Ende machen wollte.

Was hatte dieser Staat aus mir gemacht? Was hatte dieser Staat damit bezweckt, mich so kaputt zu machen, dass ich jetzt, wo es für mich bergauf gehen sollte, den Drang verspürte, mich umzubringen? Sollte dieser Stasistaat auf der Zielgeraden doch noch das Rennen gegen mich gewinnen? Hatte ich schon oder war ich nun endgültig verloren?

NEIN!

Wo war Gott? Wo war Jesus Christus? Wo war meine Kraft, mein Mut, meine innere Stärke? Die konnte die Stasi mir nicht genommen haben, denn dann bräuchte ich jetzt nicht darüber nachzudenken, mich umzubringen, dann wäre ich schon tot.

NEIN, ICH WILL LEBEN, ICH WILL LEBEN!

Jetzt, gerade jetzt aufzugeben, wäre das Letzte, was ich hätte gebrauchen können. Nein, nun wollte ich LEBEN und das Leben – vielleicht ja schon in naher Zukunft – auch wirklich leben, es in Freiheit genießen können. Das war es, was mich in diesen Tagen, die oft schwer waren, nicht verzweifeln ließ. Ich hatte keine Ahnung, wie das alles weitergehen sollte. Würde ich meine liebe Heike, meine Freunde jemals wiedersehen? Ich wusste nur, dass ich unter keinen Umständen in meinem Leben je wieder in die DDR zurückkehren würde. Dazu hatte ich hier viel zu viel an Schmerzlichem erlitten. Mit meinen Freunden konnte ich mich auch in der Tschechoslowakei oder in Ungarn treffen, obgleich mir das nicht viel sicherer erschien.

Wie weit würde die Stasi im Zweifelsfall reichen? Oder andersherum: Wie nah an die DDR konnte ich mich ungefährdet heranwagen? Das wusste ich nicht, und dies zu testen, glich einem Spiel, das man auch Russisch Roulette nennt. Nein, das wollte ich nicht, so viel war klar. Aber wann und wie würde ich alle wiedersehen? Na, erst mal muss ich aus der DDR weg sein und dann kann ich überlegen, wie wir alle weiterhin Kontakt halten können. War meine liebe Heike und waren meine Freunde noch am Leben? Hatte die Stasi auch sie eingesperrt und ohne Ende gefoltert? Wie würde ich sie alle wiederfinden?

Als Nächstes ging mir wieder der junge Mann durch den Kopf, den wir noch vor ein paar Jahren bei uns zu Hause hatte übernachten lassen. Klar, wir hatten im RIAS von der geglückten Flucht gehört und ich freue mich noch heute, wenn ich darüber nachdenke oder schreibe. Aber würde ich vielleicht die Chance haben, ihn wiederzutreffen? Es heißt doch, man sieht sich immer zweimal im Leben. Vielleicht rückte jetzt unser zweites Mal in greifbare Nähe.

Die Stunden und Tage vergingen hier manchmal so schnell, dass ich beim Zählen der Tage durcheinanderkam. Dann aber wieder so langsam, dass ich fast erschrocken feststellte, dass wir immer noch das gleiche Datum hatten. Mit den anderen Häftlingen unterhielt ich mich, und so verglichen wir auch immer wieder das Datum, damit nur niemand durcheinandergeriet. Es war schon makaber, worüber wir hier manchmal sprachen, aber das in allen Einzelheiten wiederzugeben, würde den Rahmen dieses Buches sprengen.

So hatten wir auch hier im Gefängnis mal etwas zu lachen. Obgleich ich an dieser Stelle erwähnen möchte, dass wir uns sowieso schon nicht mehr als Gefangene fühlten. Jetzt, da wir wussten, dass die Freiheit nahte. Uns standen trotzdem noch einige Belastungsproben bevor.

Einige von diesen Belastungsproben möchte ich ein wenig genauer schildern. Wenn unser Freikauf abgeschlossen war, konnten wir in Freiheit leben, arbeiten und denken, wie aber ging es all denen, die nicht das Glück hatten, durch einen Freikauf in den Westen zu gelangen? Wie lange würde man all diejenigen noch völlig willkürlich gefangen halten? Wie viel Leid und Schmerz hatten all die vielen anderen Häftlinge, die nur eingesperrt waren, weil sie in Freiheit leben wollten, noch auszuhalten? Das waren einige belastende Gedanken, die ich in dieser Zeit immer wieder zu verarbeiten suchte.

Werden wir unsere Freunde irgendwann wiedersehen? Können wir dann tatsächlich in Freiheit leben oder reicht der Arm der Stasi auch noch im Westen an mich heran? Dass der Arm auch bis in den Westen reichen kann, hat die Stasi doch schon mehr als nur einmal gezeigt.

Wie wird das Leben dort weitergehen? Schließlich ist das Leben in Deutschland, Gott sei Dank, ein anderes als das, das wir aus dem Unrechtssystem mit Namen DDR kennen.

Diese Fragen ließen mich und auch die anderen immer wieder sehr nachdenklich werden. Eines aber war sicher: Wir wollten weg. Raus aus diesem Staat, der seine Bewohner einsperren muss, um sie am Gehen zu hindern. Ich hatte so sehr genug von diesem verhassten System, dass es gar keine Frage mehr war.

Wir mussten alle einen Antrag auf Entlassung aus der Staatsbürgerschaft der DDR stellen und unterschreiben, dass wir während der Haftzeit **niemals physisch** oder **psychisch misshandelt** worden waren. Diese Unterschrift mussten wir noch während der letzten Tage der Haft leisten. Wir wurden auch darüber belehrt, dass wir nirgends und mit keinem Wort erzählen durften, was wir während der Haftzeit gesehen und/oder erlebt hatten. Falls wir uns nicht daranhielten, würden nicht nur wir selbst, sondern auch gleich die ganze Familie verhaftet werden.

Wie bei allen Freikäufen, dies erfuhr ich 1994 aus meinen Akten, hatte auch bei mir Erich Mielke meinen Freikauf abschließend zu „genehmigen". Ohne diese wäre der Freikauf nie zustande gekommen.

Die emotionalste Busfahrt meines Lebens

So nahm die Zeit ihren Lauf, dann aber nahte der Tag der Tage, wie wir sagten.

Schon am Morgen ging es los. Wir sollten all unsere Sachen zusammenpacken. Alles, was dem Gefängnis gehörte, gaben wir ab, zum Beispiel die Bettwäsche, das Besteck mitsamt der Bestecktasche, die Tasse, den Teller und Dinge für die tägliche Hygiene. Als Gag nahm ich sogar die Seife, die noch übrig war, mit, denn ich wollte wissen, ob man mir diese ebenfalls abnehmen würde.

Man tat es, wortlos und ohne auch nur eine einzige Miene zu verziehen. Ich wurde alle Sachen los.

Die Stunden, die wir hier noch verblieben, vergingen so zäh und so langsam, als wären es nicht Stunden, sondern Monate oder sogar Jahre. In der Zwischenzeit war es Nacht geworden.

Der Obermeister, der uns dann zum Bus begleitete, war nur noch das Abbild eines Menschen. Den versteinerten Blick und die eiskalte Sprache werde ich wohl nicht mehr vergessen. Das war ein so durchdringender Blick, mit dem man jeden hätte einfrieren können.

Der war noch versteinerter als der andere Obermeister, dachte ich. Dann lief ich los.

Die fünf, vielleicht sechs Meter ging ich sehr langsam, denn ich wollte diese Minuten spüren, ich wollte sie fühlen, riechen, sehen, ich wollte am liebsten die Zeit in Slow Motion erleben. Da stand er: der Bus. Für viele andere wäre es ein normaler Bus des Typen Mercedes gewesen. Für mich und für die anderen elf war er alles, aber kein ganz normaler Bus.

Schon auf den Stufen, die in den Bus führten, lag ein Teppich, der sich zwar rau anfühlte, aber auch

Behaglichkeit ausstrahlte, die Sitze hatten Polsterbezüge und sehr hohe Lehnen. Ich setzte mich gleich in die zweite Reihe. Als ich mich anlehnte, merkte ich, wie weich das Polster, aber auch wie hoch die Rückenlehne war, denn ich konnte mich mit meinen knapp zwei Metern ganz anlehnen.

Armlehnen waren auch vorhanden und die waren sehr weich gepolstert.

Als ich saß, schloss ich erst mal die Augen.

Ich war angekommen, ich war da, wo ich zum Schluss nur noch hinwollte. Ich war am Anfang eines **neuen Lebens**. Ich fühlte mich tatsächlich wie neu geboren. Ich öffnete meine Augen wieder und begann, den Bus ganz genau zu betrachten, denn ich wollte keine einzige Kleinigkeit verpassen. Dieser Moment, da war ich mir sicher, würde in meinem Leben niemals wiederkommen. Also saugte ich die Luft gaaanz langsam durch meine Nase ein, und bevor ich wieder ausatmete, wartete ich solange ich konnte.

Ich glaubte, wenn ich schneller atmete, verginge die Zeit schneller. Totaler Nonsens, das weiß ich heute auch, aber in dem Moment wollte ich einfach nur genießen.

Dann fuhr der Bus los. Nicht das laute Aufheulen des Motors, sondern nur der kraftvolle Zug der PS-starken Maschine des Busses beendete die Ruhe oder besser die **Stille**, die bis dahin das vorherrschende Geräusch im Bus gewesen war. Als wir uns auf freier Strecke befanden, fingen wir an, noch mehr zu genießen.

Als wir die weiße Linie, am Grenzübergang Herleshausen, überquert hatten, stieg der Leiter des Hessischen Notaufnahmelagers Gießen, Heinz Dörr, in den Bus ein. Er setzte sich ganz vorn neben den Busfahrer, nahm das Mikrofon in die Hand und begrüßte uns in der Bundesrepublik. Gänsehaut pur, und ein unbeschreibliches Gefühl oder besser: mehrerer Gefühle.

Die Sängerkarriere stand wohl niemandem bevor, aber für die Hymne **_„Einigkeit und Recht und Freiheit für das deutsche Vaterland"_** reichte es noch. Als wir die ersten Worte gesungen hatten, passierte noch etwas, das ich so vorher noch nie erlebt hatte. Es sangen tatsächlich alle mit, sogar der Busfahrer und das über sein Mikrofon, dass noch eingeschaltet war. Das war ein Moment, in dem wir alle Gänsehaut bekamen und das nicht, weil es noch relativ kühl im Bus war.

Nie wieder kontrolliert werden, nie mehr vor einem Vernehmer sitzen, nie wieder sich nach allen Seiten umschauen müssen, bevor man etwas ausspricht, nie mehr ... so viel mehr.

Es war schon früh am Morgen, als wir ankamen. Ich hatte in Bussen sowieso noch nie schlafen können und in diesem Bus natürlich erst recht nicht. Aber ich war auch überhaupt nicht müde. Ich glaubte, noch Tage so durchmachen zu können, ohne auch nur einen einzigen Augenblick darüber nachzudenken, was mein Körper dazu sagen würde, wenn er denn sprechen könnte.

Ich war wie in Trance. Ich hatte Angst, dass dies nur ein Traum sein könnte, und wenn ich wach werde, alles vorbei sein würde. Aber war das nicht verständlich nach dem, was ich durchgemacht hatte?

Damals im Stasiknast hatte ich zu Anfang gehofft, dass es nur ein Alptraum war, und wenn ich wach würde, wäre ich im Westen und in Freiheit. Es war kein Alptraum gewesen und Gott sei DANK war auch dies kein Traum, denn jetzt war ich **wirklich in Freiheit** und konnte sie einfach genießen. Als Christ sage ich noch dazu: Hier im Bus saß Gott neben mir und begleitete uns alle. Gott hatte mich durch so viele Untiefen geführt, getragen und begleitet, dass es nur fair war, wenn Er auch jetzt an meiner Seite war, um uns zwölf in die Freiheit zu begleiten.

Im Aufnahmelager angekommen, atmeten wir das erste Mal die Luft der Freiheit – die Freiheit, zu leben, wie jeder Mensch das möchte. Ohne Bevormundung, ohne das Gefühl, in einem einzigen großen Gefängnis zu sitzen.

Nie wieder Vernehmungen, die sich so tödlich durch die Zeit im Stasigefängnis zogen. Nie wieder „Raus!", „Ausziehen!", „Bücken!", „Schlafhaltung einnehmen!" oder „Kommen Sie!", „Gehen Sie!", „Bleiben Sie stehen!", „Gesicht zur Wand!", „101 …! Strafgefangener Keil!".

Nur noch den Duft der Freiheit riechen, ein neues Leben beginnen. Seit meinem Freikauf feiere ich in jedem Jahr den 08. April als meinen „zweiten Geburtstag".

Moin Moin mien Hamburch

So kam die Frage nach meinem künftigen Wohn- und Arbeitsort. Ich sagte schneller, als die Frage zu Ende gestellt war: *„Ich liebe die See, den Nordwind und die Freiheit. Ich möchte nach Hamburg."* Ob das Funktionieren würde, fragte ich mich erst danach. Und leider war es nicht so geplant, denn ich sollte zurück nach Berlin. Nein, nicht in den Osten, ich sollte nach Berlin-Wilmersdorf. Das war mir viel zu nah an der Mauer und ich hatte große Angst, dass die Stasi auch bis dorthin kommen würde, um mich wieder einzusperren. Einen wirklichen Grund brauchten die doch nicht. Ich bat so lange darum, doch nach Hamburg zu gehen, bis man meinem Wunsch schließlich nachgab.

Noch knapp drei Wochen blieb ich in Gießen, dann hatte ich alle Papiere, eine Wohnung und auch einen Arbeitsplatz.

Auf ging es nun dorthin, wo die Luft nach Freiheit riecht, der Wind so schön von vorn ins Gesicht bläst, die große Freiheit, das Tor zur Welt, mit Möwen, die lautstark verkünden, dass ich nun wirklich in Freiheit bin und nie wieder nach Berlin zurückmuss.

Das war ein solch wundervolles Gefühl, dass ich es mit Worten nicht beschreiben kann. Die Sonne kam mehr und mehr heraus, verdrängte endgültig den Winter und brachte den Beginn einer wunderschönen Zeit.

Ich hatte einen großen Wunsch, den ich mir gleich, nachdem ich so richtig angekommen war, erfüllte. Ich ging in ein Café und bestellte mir einen großen, einen richtig großen Eisbecher. Die Kellnerin in dem Café, in dem ich saß, muss mich für völlig verrückt gehalten haben. Ich sah das Eis an, als wenn ich noch nie in meinem Leben ein Eis gesehen hätte. Sechs Kugeln Eis und Früchte, die ich bis dahin noch nicht einmal vom Namen her kannte. Es war so lecker, dass ich den Geschmack nie wieder vergessen habe. Ich denke sehr gerne daran zurück.

Ich kaufte mir alles, was ich brauchte. Ganz besonders wichtig schienen mir eine Eckbank und ein Esstisch zu sein. Warum weiß ich heute nicht mehr, aber das waren die einzigen Möbel, die in den ganzen Jahren viel erlebt haben und die bis 2015 in meiner Wohnung standen. Und auch 5 Umzüge haben die beiden mit mir erlebt.

Ebenso mussten eine Waschmaschine, ein Radio, ein Bett, ein Schrank, Bekleidung und vielleicht noch ein Fernseher gekauft werden. Ich hatte doch nichts außer den Sachen, die ich anhatte, und meine Eisenbahnuniform, die ich übrigens nicht bei der emotionalsten Busfahrt meines Lebens anhatte. Ja, auch diese hatte ich noch. Ich zog sie nicht mehr an, aber wegwerfen wollte ich sie nicht. Zumindest nicht gleich. Ob ich sie später einfach wegwerfen würde, wusste ich noch nicht. Momentan aber hatte ich andere Dinge im Kopf, um die ich mir Gedanken machte und machen musste.

Was wird aus mir und meiner lieben Heike? Werde ich sie wiedersehen? Wenn ja, wann? Ist sie womöglich immer noch in den Fängen dieser Stasischergen? Diese und noch viele weitere Fragen gingen mir durch den Kopf.

Hamburg wurde zu meiner Wahlheimatstadt. Mittlerweile lebe ich in Niedersachsen im Landkreis Celle. Verabschieden möchte ich mich dennoch von Ihnen mit dem Hamburger Abschiedswort: Tschüs.

Wenn Sie liebe Leser wissen möchten, was in meinem Leben vorher und nachher geschehen ist, empfehle ich Ihnen mein autobiografisches Buch mit dem Titel: „Wertvolle Freiheit". Das Buchcover und noch mehr finden Sie auf den folgenden Seiten.

Weitere Bücher von mir (Meine Biografie)

Der Autor wurde 1963 in Ostberlin geboren. Bis zu seinem 17. Lebensjahr wuchs er in einem systemtreuen Elternhaus auf. Mehr und mehr begann er Fragen zu stellen. Seine Eltern warfen ihn aus der Wohnung und er hörte nicht auf, dieses heuchlerische System zu hinterfragen. Als er auch noch beginnt Fluchtwillige zu unterstützen gerät er ins Visier der Stasi. Er wird verraten, verhaftet und im April 1989 durch die Bundesrepublik freigekauft. 1994 folgen Hochzeit, 1999 und 2002 die Geburten seiner Kinder. Die Ehe zerbricht und nach einer weiteren kurzen Beziehung will er keine Partnerschaft mehr.

Jetzt findet die Liebe ihn und mit seiner Manuela lernt er, was wirkliche und wahre Liebe ist. Sie ist die Frau, mit der er glücklich werden wird.

Die standesamtliche Hochzeit und die kirchliche Trauung bilden den schönsten Abschluss dieses Buches.

Mein Kinderbuch

Auch ein Kinderbuch gibt es von mir. Illustriert wurden die Geschichten von einer professionellen Malerin mit Acrylbildern. Hier eine kleine Vorschau:

Was ich noch zu erzählen hätte

Der Autor hat in diesem Buch einige kurze Texte in loser Folge zusammengestellt. Hier finden Sie also ein breites Spektrum an Texten, die er in den letzten Jahren geschrieben hat. Manche für einen speziellen Anlass, eine für seinen Freund J. (Alias Torsten) und einige, weil sie einmal aufgeschrieben werden wollten.

Es reicht eine Bezugsperson, die dem kleinen Menschen Leben einhaucht, damit er seinen, oder sie ihren, Weg gehen kann. Ich hatte gleich zwei, meine lieben Großeltern. Gehen wir zurück zum Anfang meines Lebens, zurück an die ersten Momente, an die ich mich heute noch erinnern kann.

Kleine Kinder sind keine kleinen Dummchen, wie meine Mutter meinte. Wenn sie nicht schon frühzeitig gebrochen werden, was im sogenannten real existierenden Sozialismus allzu häufig der Fall war, können sie sich entwickeln, entdecken, suchen, finden, Fragen stellen.

Irgendwann kommt die erste Freundin, der ersten Freund, Liebeskummer, Heimweh, Fernweh und noch mehr. Und irgendwann kommt der Tag des Abschiedes, ein Abschied für lange Zeit. Tod und Trauer, die Gewissheit auf das ewige Leben in Gottes Reich.

Durch all diese Momente haben mich, meine Omi und mein Opi, begleitet. Mein Opi ist gestorben, als ich elf Jahre alt war. Diesen Tag habe ich bis heute nicht vergessen und so soll dieses Buch eine Erinnerung an die Zeit mit euch beiden sein. Es war eine schöne Zeit und ich habe von euch beiden so viel mehr bekommen als von irgendjemand anderem.

Bildteil:

Mein dritter Schultag.

Abschlussfoto im Juli 1980 nach der 10. Klasse in der POS.

Hier waren Heike und ich noch frei, aber schon
sehr aktiv in Jugendgruppen.

Baureihen der Berliner S-Bahn mit denen ich gefahren bin und auf denen ich Lehrlinge ausgebildet habe.

EINE FREIE STIMME DER FREIEN WELT

Häftlingstransport der Stasi. Bei mir sah das Fahrzeug von außen, wie eines der Großbäckerei aus.

Hier war meine Zelle. Sie wurde mit einer kompakten Stahltür geschlossen.

Die Einlieferung in Berlin- Hohenschönhausen.

Meine Zellentür.

Auf den Holzbrettern lag
diese 5cm dünne Matratze.
Das ganze war mein Bett.

Heizung in meiner Zelle.

Glasbausteine in meiner Zelle.

Hocker in meiner Zelle.

Tisch in meiner Zelle.

Waschbecken in meiner Zelle.

Toilette in meiner Zelle.

Diese Klappe sorgte dafür, dass es in der Gummizelle auch wirklich dunkel war.

Tür zur Gummi

168

Die Gummizelle war stockdunkel.

Ein Vernehmerzimmer. In „meines" konnte ich nicht eintreten, da mein Kopf dies verhinderte.

Der Schreibtisch des Vernehmers und geradezu
sein Stuhl.

Der Hocker, auf dem ich im Zimmer meines Vernehmers sitzen durfte, wenn ich das gesagt bekam.

Staatsfeindliche Hetze

Im § 106 Absatz 1-3 heißt es unter anderem:

Wer die verfassungsmäßigen Grundlagen der sozialistischen Staats- und Gesellschaftsordnung der Deutschen Demokratischen Republik angreift oder gegen sie aufwiegelt indem er die Freundschafts- und Bündnisbeziehungen der Deutschen Demokratischen Republik diskriminiert oder Widerstand gegen die sozialistische Staats- und Gesellschaftsordnung leistet wird mit Freiheitsstrafe von einem bis zu acht Jahren bestraft.

Ungesetzlicher Grenzübertritt

Nach § 213 Absatz 1 StGB-DDR vom 12. Januar 1968 war der Grundtatbestand des Ungesetzlichen Grenzübertritts im Höchstmaß mit einer Freiheitsstrafe von 2 Jahren strafbewehrt. In der Rechtspraxis wurde jedoch häufig ein „schwerer Fall" gemäß Absatz 2 angenommen, die Höchststrafe betrug dann 5 Jahre Freiheitsstrafe. Durch Gesetz vom 28. Juni 1979 wurde der § 213 neugefasst, der nunmehr in Absatz 3 geregelte „schwere Fall" sah ab diesem Zeitpunkt eine Höchststrafe von 8 Jahren Freiheitsstrafe vor.

Meine „Anklageparagraphen" waren genauso Gummiparagraphen wie alle in diesem Gesetzbuch.

Der „Grothewohlexpress". Den Namen bekam er von uns Häftlingen nach Otto Grotewohl, aber vor allem weil wir damit ins „Geradewohl" gefahren wurden. Wir wussten bis zur Ankunft nicht, wo wir aussteigen würden.

In so einer Zelle wurde ich nach Cottbus, aber
auch nach Karl-Marx-Stadt transportiert.

Toilettenzelle im Grotewohlexpress der Deutschen Reichsbahn.

Im Vogelkäfig auf dem Kaßberg in Chemnitz die
Treppen herunter und zum Bus. Dann beginnt die
Fahrt in die Freiheit.

Angekommen in Hamburg. 199 cm groß und 58 Kilogramm „schwer". Der BMI sagt: starkes Untergewicht.

Mehr zu mir finden Sie liebe Leser auf meiner Homepage www.gerdkeil.de

Ich würde mich freuen, wenn Sie mich mal auf einer Lesung besuchen, mich mal zu einer Lesung einladen und/oder einen Eintrag in mein Gästebuch schreiben.